ビジネス・キャリア®検定試験過去問題集 解説付き

BUSINESS CAREER

生産管理プランニング 2級

渡邉　一衛 ●監修
ビジネス・キャリア®検定試験研究会 ●編著

一般社団法人 雇用問題研究会 ●発行

●はじめに

ビジネス・キャリア®検定試験（ビジキャリ）は、技能系職種における技能検定（国家検定）と並び、事務系職種に従事する方々が職務を遂行するうえで必要となる、専門知識の習得と実務能力の評価を行うことを目的とした中央職業能力開発協会（JAVADA）が行う公的資格試験です。

ビジキャリは、厚生労働省が定める事務系職種の職業能力評価基準に準拠しており、人事・人材開発・労務管理、経理・財務管理から、営業・マーケティング、経営戦略、さらには、生産管理、ロジスティクスまで、全８分野の幅広い職種をカバーしていることから、様々な目的に応じた自由度の高いキャリア形成・人材育成が可能であり、多くの方々に活用されております。

本書は、過去にビジネス・キャリア®検定試験で実際に出題された、生産管理プランニング２級の問題から150問をピックアップし、正解を付して解説を加えたものです。

受験者の方々が、学習に際して本書を有効に活用され、合格の一助となれば幸いです。

最後に、本書の刊行にあたり、ご多忙の中ご協力いただきました関係各位に対し、厚く御礼申し上げます。

令和元年９月

一般社団法人 雇用問題研究会

ビジネス・キャリア®検定試験過去問題集 解説付き

もくじ

生産管理プランニング 2級

●標準テキスト及び試験範囲と本書に掲載されている試験問題の対応表

生産管理プランニング２級

【製品企画・設計管理】

標準テキスト（第2版）		
第1章 製品企画	第1節　製品企画の目的と流れ	1　製品企画の目的 2　製品企画の流れ
	第2節　製品企画と事業戦略	1　経営戦略と製品企画 2　製品企画と分析 3　原価企画
	第3節　プロジェクトマネジメントとナレッジマネジメント	1　プロジェクトマネジメント 2　ナレッジマネジメント
第2章 設計管理	第1節　設計管理の目的と流れ	1　設計管理の目的 2　設計管理の流れ 3　DR（デザインレビュー） 4　DRとドキュメント 5　コンカレントエンジニアリング
	第2節　最適設計のための設計管理	1　設計管理と分析 2　価値工学（VE） 3　信頼性・保全性設計 4　資材の有効活用 5　設計・試作と管理情報
	第3節　生産財設計の考慮点	1　生産財ビジネスと生産形態 2　生産財設計の留意点
	第4節　工程設計とコンピュータの活用	1　工程設計・作業設計 2　コンピュータの活用
	第5節　知的財産権	1　知的財産権とその内容 2　関連法令と今後の動向

＊標準テキストの章立てについては、学習のしやすさ、理解促進を図る観点から、一部、試験範囲の項目が組替・包含されている場合等があります。

＊標準テキストおよび試験範囲は改訂されている場合があります。最新の情報はこちら
（https://www.koyoerc.or.jp/publication/businesscareer/table.html）をご確認ください。

試験範囲（出題項目）			本書の問題番号
F　製品企画	1　製品企画の目的と流れ	1　製品企画の目的	1～2
		2　製品企画の流れ	3～4
	2　製品企画と事業戦略	1　経営戦略と製品企画	5～7
		2　製品企画と分析	8～10
		3　原価企画	11～13
	3　プロジェクトマネジメントとナレッジマネジメント	1　プロジェクトマネジメント	14～15
		2　ナレッジマネジメント	16～18
G　設計管理	1　設計管理の目的と流れ	1　設計管理の目的	19
		2　設計管理の流れ	20
		3　DR（デザインレビュー）	21～22
		4　DRとドキュメント	23～24
		5　コンカレントエンジニアリング	25～26
	2　最適設計のための設計管理	1　設計管理と分析	27～30
		2　価値工学（VE）	31～33
		3　信頼性・保全性設計	34～36
		4　資材の有効活用	37～38
		5　設計・試作と管理情報	39～41
	3　生産財設計の考慮点	1　生産財ビジネスと生産形態	42～43
		2　生産財設計の留意点	44
	4　工程設計とコンピュータの活用	1　工程設計・作業設計	45～46
		2　コンピュータの活用	47～48
	5　知的財産権	1　知的財産権とその内容	49～50
		2　関連法令と今後の動向	

＊試験範囲の詳細は、中央職業能力開発協会ホームページ（https://www.javada.or.jp/jigyou/gino/business/seisan.html）をご確認ください。

●標準テキスト及び試験範囲と本書に掲載されている試験問題の対応表

生産管理プランニング２級

【生産システム・生産計画（加工型・組立型／プロセス型）】

標準テキスト（第3版）		
第1章 生産システム	第1節　生産システム	1　設計システム 2　調達システム 3　製造システムと製造管理システム 4　管理システムと物的システム 5　生産の今日的課題
	第2節　生産管理システム	1　基本システム 2　かんばん方式 3　MRP（資材所要量計画）システム
	第3節　生産計画と生産統制	1　生産計画 2　生産統制 3　需要予測 4　緩衝機能 5　在庫と製造リードタイム
	第4節　資材・在庫管理システム	1　定期発注方式 2　定量発注方式 3　他の発注方式 4　経済的発注量 5　流動数分析 6　外注管理
	第5節　生産の最適化	1　オペレーションズリサーチ（OR）の考え方と適用 2　線形計画法と適用例
	第6節　生産情報システム	1　生産計画に必要な情報 2　生産計画情報の伝達 3　生産計画の電子化
第2章 工程管理 （加工型・組立型）	第1節　工程管理	1　工程管理の目的 2　工程管理の流れと管理特性
	第2節　日程計画	1　生産計画の構造 2　大日程計画（期間生産計画） 3　中日程計画 4　小日程計画
	第3節　手順計画	1　手順計画の管理業務 2　製品の部品への展開 3　最適生産方法の設定 4　標準時間の設定
	第4節　工数計画	1　工数計画と日程計画 2　負荷（負荷工数）と生産能力の工数換算 3　負荷と生産能力の調整
	第5節　材料計画	1　部品構成表 2　部品展開 3　部品所要量計算
	第6節　ネットワーク技法	1　ダイヤグラム 2　PERT（Program Evaluation and Review Technique）

10ページに続く

＊標準テキストおよび試験範囲は改訂されている場合があります。最新の情報はこちら
（https://www.koyoerc.or.jp/publication/businesscareer/table.html）をご確認ください。

試験範囲（出題項目）			本書の問題番号
F　生産システム	1　生産システム	1　設計システム	1～2
		2　調達システム	
		3　製造システムと製造管理システム	
		4　管理システムと物的システム	
		5　生産の今日的課題	
	2　生産管理システム	1　基本システム	3
		2　かんばん方式	
		3　MRP（資材所要量計画）システム	4
	3　生産計画と生産統制	1　生産計画	
		2　生産統制	5
		3　需要予測	
		4　緩衝機能	6
		5　在庫と製造リードタイム	
	4　資材・在庫管理システム	1　定期発注方式	7
		2　定量発注方式	
		3　他の発注方式	8
		4　経済的発注量	
		5　流動数分析	
		6　外注管理	9
	5　生産の最適化	1　オペレーションズリサーチ（OR）の考え方と適用	
		2　線形計画法と適用例	
	6　生産情報システム	1　生産計画に必要な情報	
		2　生産計画情報の伝達	10
		3　生産計画の電子化	
G　工程管理（加工型・組立型）	1　工程管理	1　工程管理の目的	11
		2　工程管理の流れと管理特性	12
	2　日程計画	1　生産計画の構造	13
		2　大日程計画（期間生産計画）	14
		3　中日程計画	15
		4　小日程計画	16
	3　手順計画	1　手順計画の管理業務	
		2　製品の部品への展開	17
		3　最適生産方法の設定	18
		4　標準時間の設定	
	4　工数計画	1　工数計画と日程計画	19～20
		2　負荷（負荷工数）と生産能力の工数換算	21
		3　負荷と生産能力の調整	
	5　材料計画	1　部品構成表	
		2　部品展開	22
		3　部品所要量計算	
	6　ネットワーク技法	1　ダイヤグラム	23
		2　PERT（Program Evaluation and Review Technique）	24～25

11ページに続く

標準テキスト（第3版）		
第3章 生産計画 （プロセス型）	第1節　生産プロセス	1　生産プロセスの構造 2　プロセス型生産の特徴 3　連続生産とバッチ生産 4　プロセスシミュレーション
	第2節　マテリアルバランス	1　マテリアルバランスの考え方 2　マテリアルバランスの計算方法 3　生産計画と原単位
	第3節　ヒートバランス	1　エネルギー管理の考え方 2　ヒートバランスの計算方法 3　生産計画とエネルギー管理
	第4節　生産計画（計画システム）	1　生産計画の展開 2　製品および原材料の需給バランスと在庫管理 3　生産能力と最適負荷 4　品種切替生産とロットサイズ 5　生産計画の変更とその対応 6　プロダクトミックス
	第5節　工程管理（管理システム）	1　工程管理の管理目標と指標 2　原材料・プロセス・製品の管理 3　作業標準とオペレーションマニュアル
第4章 工場計画と設備管理	第1節　工程編成	1　工程編成の意義 2　工程編成のタイプと利点・欠点
	第2節　ライン編成	1　ラインの基本要素 2　ラインバランシング 3　ラインの種類 4　機械加工ライン 5　ラインの運営
	第3節　その他の方式	1　多台持ち作業と多工程持ち作業 2　グループ生産方式 3　フレキシブル生産方式
	第4節　工場レイアウト	1　工場レイアウトの考え方 2　工場レイアウトの種類 3　職場レイアウト
	第5節　工場レイアウト作成の手順と方法	1　SLP（Systematic Layout Planning）の考え方 2　PQRST（P：Product、Q：Quantity、R：Route、S：Service、T：Time） 3　SLPの手順のパターン 4　面積の見積もり 5　工場レイアウトの制約条件と評価
	第6節　運搬システム	1　運搬の考え方 2　運搬の合理化
	第7節　設備管理	1　設備管理の意義と体系 2　故障・劣化と保全 3　信頼性・保全性設計 4　保全組織

＊標準テキストの章立てについては、学習のしやすさ、理解促進を図る観点から、一部、試験範囲の項目が組替・包含されている場合等があります。

試験範囲（出題項目）			本書の問題番号
H　生産計画（プロセス型）	1　生産プロセス	1　生産プロセスの構造	26
		2　プロセス型生産の特徴	
		3　連続生産とバッチ生産	27
		4　プロセスシミュレーション	28
	2　マテリアルバランス	1　マテリアルバランスの考え方	29
		2　マテリアルバランスの計算方法	30
		3　生産計画と原単位	
	3　ヒートバランス	1　エネルギー管理の考え方	31
		2　ヒートバランスの計算方法	32～33
		3　生産計画とエネルギー管理	
	4　生産計画（計画システム）	1　生産計画の展開	34
		2　製品および原材料の需給バランスと在庫管理	
		3　生産能力と最適負荷	
		4　品種切替生産とロットサイズ	35
		5　生産計画の変更とその対応	36
		6　プロダクトミックス	37
	5　工程管理（管理システム）	1　工程管理の管理目標と指標	
		2　原材料・プロセス・製品の管理	38
		3　作業標準とオペレーションマニュアル	39～40
I　工場計画と設備管理	1　工程編成	1　工程編成の意義	41
		2　工程編成のタイプと利点・欠点	
	2　ライン編成	1　ラインの基本要素	42
		2　ラインバランシング	43
		3　ラインの種類	
		4　機械加工ライン	
		5　ラインの運営	44
	3　その他の方式	1　多台持ち作業と多工程持ち作業	
		2　グループ生産方式	
		3　フレキシブル生産方式	45
	4　工場レイアウト	1　工場レイアウトの考え方	
		2　工場レイアウトの種類	
		3　職場レイアウト	
	5　工場レイアウト作成の手順と方法	1　SLP（Systematic Layout Planning）の考え方	
		2　PQRST（P：Product、Q：Quantity、R：Route、S：Service、T：Time）	
		3　SLP の手順のパターン	46
		4　面積の見積もり	
		5　工場レイアウトの制約条件と評価	
	6　運搬システム	1　運搬の考え方	47
		2　運搬の合理化	48
	7　設備管理	1　設備管理の意義と体系	49
		2　故障・劣化と保全	50
		3　信頼性・保全性設計	
		4　保全組織	

＊試験範囲の詳細は、中央職業能力開発協会ホームページ（https://www.javada.or.jp/jigyou/gino/business/seisan.html）をご確認ください。

●標準テキスト及び試験範囲と本書に掲載されている試験問題の対応表

生産管理プランニング２級

【共通問題】

標準テキスト（初版）		
第1章 品質管理	第1節　品質管理の考え方	1　品質の計画 2　品質の作り込み
	第2節　統計的手法	1　統計的手法 2　統計的手法と改善 3　仮説検定 4　実験計画法 5　信頼性
	第3節　検査	1　検査の目的と種類 2　全数検査と抜取検査 3　検査と異常処理 4　品質工程図（QC工程表） 5　抜取検査と統計的手法
	第4節　管理図	1　管理図の目的と種類 2　管理図の原理（3σ法） 3　管理図の作成と見方
	第5節　社内標準化	1　社内標準化の意義 2　社内標準化の進め方
	第6節　品質保証	1　品質保証の意義と進め方 2　品質保証とクレーム処理 3　ISO9000シリーズの概要
第2章 原価管理	第1節　原価管理の基本的な考え方と手法	1　原価管理の体系 2　実際原価計算 3　費目別計算の方法 4　減価償却 5　原価概念と原価計算の整理
	第2節　標準原価	1　標準原価計算 2　原価標準と標準原価 3　原価差異
	第3節　原価企画	1　原価企画の意義 2　原価企画活動とステップ 3　目標原価 4　原価見積もり
	第4節　コストテーブル	1　コストテーブルの重要性と種類 2　コストテーブルの作成
	第5節　全部原価計算および直接原価計算	1　全部原価計算 2　直接原価計算
	第6節　評価・選択	1　損益分岐点、限界利益 2　経済性評価
	第7節　原価低減	1　操業度と原価低減 2　原価要素別の原価低減 3　ABC/ABM
	第8節　物流コスト	1　物流コストの構成 2　物流コストの算定 3　物流コストの予算管理 4　物流ABC 5　物流投資

14ページに続く

＊標準テキストおよび試験範囲は改訂されている場合があります。最新の情報はこちら（https://www.koyoerc.or.jp/publication/businesscareer/table.html）をご確認ください。

試験範囲（出題項目）			本書の問題番号
P　品質管理	1　品質管理の考え方	1　品質の計画	1～2
		2　品質の作り込み	3
	2　統計的手法	1　統計的手法	4
		2　統計的手法と改善	5～6
		3　仮説検定	
		4　実験計画法	
		5　信頼性	7
	3　検査	1　検査の目的と種類	8
		2　全数検査と抜取検査	
		3　検査と異常処理	
		4　品質工程図（QC 工程表）	
		5　抜取検査と統計的手法	
	4　管理図	1　管理図の目的と種類	9
		2　管理図の原理（3σ法）	10
		3　管理図の作成と見方	
	5　社内標準化	1　社内標準化の意義	11～12
		2　社内標準化の進め方	
	6　品質保証	1　品質保証の意義と進め方	
		2　品質保証とクレーム処理	
		3　ISO9000 シリーズの概要	
Q　原価管理	1　原価管理の基本的な考え方と手法	1　原価管理の体系	
		2　実際原価計算	
		3　費目別計算の方法	
		4　減価償却	
		5　原価概念と原価計算の整理	
	2　標準原価	1　標準原価計算	13
		2　原価標準と標準原価	
		3　原価差異	
	3　原価企画	1　原価企画の意義	14
		2　原価企画活動とステップ	15
		3　目標原価	16
		4　原価見積もり	17
	4　コストテーブル	1　コストテーブルの重要性と種類	18
		2　コストテーブルの作成	19
	5　全部原価計算および直接原価計算	1　全部原価計算	20
		2　直接原価計算	
	6　評価・選択	1　損益分岐点、限界利益	21
		2　経済性評価	
	7　原価低減	1　操業度と原価低減	
		2　原価要素別の原価低減	22
		3　ABC/ABM	23
	8　物流コスト	1　物流コストの構成	24
		2　物流コストの算定	
		3　物流コストの予算管理	
		4　物流 ABC 物流投資	

15ページに続く

標準テキスト（初版）		
第３章 納期管理	第１節　設計の標準化	1　標準化と設計 2　設計標準化の進め方 3　既存図面の有効活用と編集設計 4　設計基準
	第２節　設計工数管理	1　工数計画のあり方 2　設計難易度 3　設計者能力
	第３節　設計日程管理	1　日程計画の手法 2　基本設計の日程計画 3　詳細設計の日程計画
	第４節　設計進捗管理	1　進捗管理の手法 2　納期意識 3　設計外注の進捗管理 4　設計の遅延対策
	第５節　設計不具合の防止策	1　単純ミスの防止 2　不経済設計の防止 3　設計情報の充実
	第６節　納期管理	1　納期管理の重要性 2　生産計画と実績の差異の原因 3　納期遅延対策
	第７節　生産期間の短縮と対策	1　生産期間の短縮の重要性 2　開発・設計期間の短縮 3　調達期間の短縮 4　製造期間の短縮 5　物流期間の短縮 6　初期流動管理の短縮
	第８節　仕掛品の削減	1　仕掛品削減の重要性 2　仕掛品の発生原因 3　仕掛品の増加防止策
	第９節　初期管理	1　初期管理の重要性 2　初期管理の対策
	第 10 節　作業指示と統制	1　作業ミスの予防 2　作業結果の確認とデータ収集 3　作業結果の報告と活用
	第 11 節　生産手配と進捗管理	1　作業手配と指示 2　進捗管理の意義 3　進捗管理の手法 4　余力管理 5　現品管理 6　納期管理レベルの向上
第４章 安全衛生管理	第１節　安全衛生管理の概要	1　安全衛生管理の概要 2　安全衛生管理体制の構築 3　労働安全衛生マネジメントシステムの概要 4　災害統計等
	第２節　労働安全衛生法の概要	1　労働安全衛生法の体系等の概要 2　労働安全衛生法の目的と各章の構成 3　事業者等の講ずべき措置 4　健康の保持増進のための措置
	第３節　設備等物的安全化	1　労働安全衛生法に定める機械等の規制 2　設備安全化の基本 3　労働安全衛生法に定める有害物等の規制
	第４節　安全教育等人的安全化	1　労働安全衛生法に定める労働者の就業にあたっての措置 2　労働安全衛生法で定める安全衛生教育の定着化のポイント 3　作業標準の作成とその遵守活動 4　整理・整頓・清掃活動の推進

16ページに続く

試験範囲（出題項目）			本書の問題番号
R　納期管理	1　設計の標準化	1　標準化と設計	25
		2　設計標準化の進め方	
		3　既存図面の有効活用と編集設計	
		4　設計基準	
	2　設計工数管理	1　工数計画のあり方	26
		2　設計難易度	27
		3　設計者能力	
	3　設計日程管理	1　日程計画の手法	28
		2　基本設計の日程計画	29
		3　詳細設計の日程計画	30
	4　設計進捗管理	1　進捗管理の手法	31
		2　納期意識	
		3　設計外注の進捗管理	
		4　設計の遅延対策	
	5　設計不具合の防止策	1　単純ミスの防止	
		2　不経済設計の防止	
		3　設計情報の充実	32
	6　納期管理	1　納期管理の重要性	
		2　生産計画と実績の差異の原因	
		3　納期遅延対策	33～34
	7　生産期間の短縮と対策	1　生産期間の短縮の重要性	
		2　開発・設計期間の短縮	
		3　調達期間の短縮	
		4　製造期間の短縮	35
		5　物流期間の短縮	36
		6　初期流動管理の短縮	
	8　仕掛品の削減	1　仕掛品削減の重要性	
		2　仕掛品の発生原因	
		3　仕掛品の増加防止策	
	9　初期管理	1　初期管理の重要性	
		2　初期管理の対策	
	10　作業指示と統制	1　作業ミスの予防	
		2　作業結果の確認とデータ収集	
		3　作業結果の報告と活用	
	11　生産手配と進捗管理	1　作業手配と指示	
		2　進捗管理の意義	
		3　進捗管理の手法	
		4　余力管理	
		5　現品管理	37
		6　納期管理レベルの向上	
S　安全衛生管理	1　安全衛生管理の概要	1　安全衛生管理の概要	38
		2　安全衛生管理体制の構築	
		3　労働安全衛生マネジメントシステムの概要	39
		4　災害統計等	
	2　労働安全衛生法の概要	1　労働安全衛生法の体系等の概要	40
		2　労働安全衛生法の目的と各章の構成	41
		3　事業者等の講ずべき措置	
		4　健康の保持増進のための措置	
	3　設備等物的安全化	1　労働安全衛生法に定める機械等の規制	42
		2　設備安全化の基本	
		3　労働安全衛生法に定める有害物等の規制	
	4　安全教育等人的安全化	1　労働安全衛生法に定める労働者の就業にあたっての措置	
		2　労働安全衛生法で定める安全衛生教育の定着化のポイント	
		3　作業標準の作成とその遵守活動	
		4　整理・整頓・清掃活動の推進	

17ページに続く

標準テキスト（初版）		
第5章 環境管理	第1節　環境問題の歴史的経緯と環境基本法	1　公害問題の始まり 2　高度経済成長期の公害問題 3　公害対策の強化 4　環境基本法と関連法規制
	第2節　公害防止対策	1　大気汚染とその対策 2　水質汚濁とその対策 3　土壌汚染とその対策 4　騒音・振動とその対策 5　悪臭とその対策
	第3節　工場・事業場における環境保全の取り組み	1　環境保全の維持と改善 2　環境改善のしくみと環境マネジメントシステム
	第4節　循環型社会をめざして	1　廃棄物とリサイクル 2　省エネルギーと新エネルギー 3　物流と環境対策 4　化学物質の有害性と環境リスク対策
	第5節　製品の環境負荷の低減	1　グリーン購入の考え方と実践 2　製品の有害物質の規制 3　製品の環境負荷の評価
	第6節　企業の社会的責任	1　CSRとは 2　法令遵守と自主的活動 3　環境報告書と環境会計

＊標準テキストの章立てについては、学習のしやすさ、理解促進を図る観点から、一部、試験範囲の項目が組替・包含されている場合等があります。

試験範囲（出題項目）			本書の問題番号
T　環境管理	1　環境問題の歴史的経緯と環境基本法	1　公害問題の始まり	
		2　高度経済成長期の公害問題	
		3　公害対策の強化	
		4　環境基本法と関連法規制	
	2　公害防止対策	1　大気汚染とその対策	43
		2　水質汚濁とその対策	
		3　土壌汚染とその対策	
		4　騒音・振動とその対策	
		5　悪臭とその対策	
	3　工場・事業場における環境保全の取り組み	1　環境保全の維持と改善	44～45
		2　環境改善のしくみと環境マネジメントシステム	46
	4　循環型社会をめざして	1　廃棄物とリサイクル	
		2　省エネルギーと新エネルギー	
		3　物流と環境対策	
		4　化学物質の有害性と環境リスク対策	
	5　製品の環境負荷の低減	1　グリーン購入の考え方と実践	47
		2　製品の有害物質の規制	48
		3　製品の環境負荷の評価	
	6　企業の社会的責任	1　CSRとは	49
		2　法令遵守と自主的活動	50
		3　環境報告書と環境会計	

＊試験範囲の詳細は、中央職業能力開発協会ホームページ（https://www.javada.or.jp/jigyou/gino/business/seisan.html）をご確認ください。

●本書の構成

本書は、「過去問題編」と「解答・解説編」の２部構成となっています。
ビジネス・キャリア®検定試験において過去に出題された問題から150問をピックアップ。問題を「過去問題編」に、各問についての解答及び出題のポイントと解説を「解答・解説編」に収録しています。
発刊されている「ビジネス・キャリア®検定試験 標準テキスト」（中央職業能力開発協会 編）を併用しながら学習できるように、問題の内容に対応する標準テキストの該当箇所も示しています。
各ページの紙面構成は次のようになっています。

過去問題編

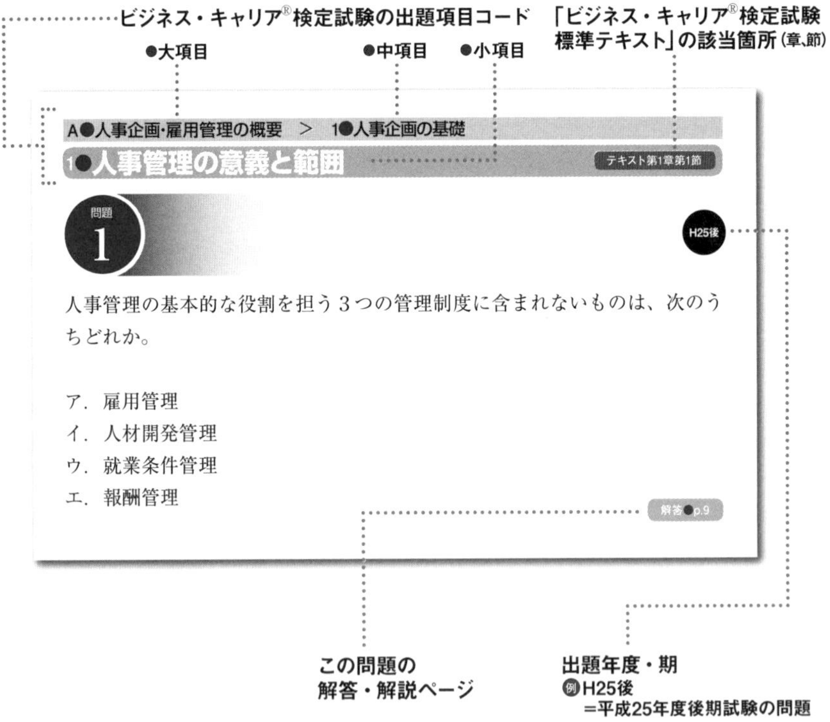

＊検定試験の出題項目コード及び標準テキストの該当箇所については、該当するものが必ずしも単一であるとは限らないため、最も内容が近いと思われるコード、章・節を参考として示しています。

解答・解説編

正解の選択肢

出題のポイント（この問題でどのような内容が問われているか）

A●人事企画・雇用管理の概要　＞　1●人事企画の基礎

1●人事管理の意義と範囲

テキスト第1章第1節

問題 1　解答

H25後

正　解　イ

ポイント　人事管理を構成する諸制度の基本的な理解度を問う。

解　説

ア．含まれる。職場や仕事に人材を供給するための管理機能を担う。①採用管理、②配置・異動管理、③人材開発管理、④雇用調整・退職管理、のサブシステムからなる。

イ．含まれない。雇用管理を構成するサブシステムの1つである。

ウ．含まれる。働く環境を管理する機能を担う。①労働時間管理、②安全衛生管理、のサブシステムからなる。

エ．含まれる。給付する報酬を管理する機能を担う。①賃金管理、②昇進管理、③福利厚生管理、のサブシステムからなる。

人事管理の基本的な役割を担う3つの管理制度（雇用管理、就業条件管理、報酬管理）と、基盤システム、サブシステムとの連関は、次の図のとおり。

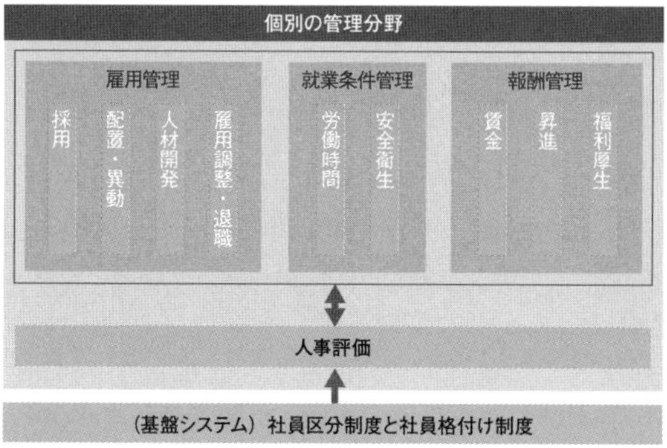

設問の各選択肢について正誤根拠を示すとともに、学習するうえで重要な点などについて解説しています。

ビジネス・キャリア®検定試験過去問題集 解説付き

BUSINESS CAREER

生産管理プランニング 2級

● 製品企画・設計管理

生産管理プランニング 2級

● 製品企画・設計管理

ビジネス・キャリア®検定試験
過去問題編

1●製品企画の目的

テキスト第1章第1節

問題 1

H28後

製品企画と設計管理に関する記述として不適切なものは、次のうちどれか。

ア．製品企画は、自社が得意とする技術を生かし、市場ニーズにマッチする、競争力がある製品を企画する段階である。
イ．新製品開発では、設計段階における完成度が製品品質だけでなく製造原価や生産リードタイムに与える影響が大きいため、設計管理が大切になる。
ウ．製品企画では、製品の機能、品質、価格を、バランスをとりながら決定し、顧客満足度の確保や企業目標の達成を図っていく。
エ．製品ライフサイクルの短縮化により新製品を次々と市場に投入する必要がある近年において、開発・設計段階での新製品の評価にはCAMの果たす役割が大きくなってきた。
オ．製品の安全性設計に関し、設計技術者は製品の使用環境と使用者レベル、法規なども調査分析できるようにすることが大切である。

解答●p.70

問題 2

H25後

製品企画と設計管理に関する記述として不適切なものは、次のうちどれか。

ア．ライフサイクルの短縮化により、新製品を次々と市場に投入する必要がある近年においては、開発・設計段階でのQCD作り込みの重要性が高まっている。
イ．デザインレビューには、関連部門が広くメンバーとして参加するが、構想設計段階までは、製品企画部門や製造部門との関わりが密接となってくる。

ウ．必要利益とは、企業を維持し、株主への配当を行い、さらに将来のための研究開発投資、設備投資を行うために必要な利益のことである。

エ．製品の原価は、開発・設計段階で80％が決定するといわれている。

オ．機能・品質・価格は、互いにトレードオフの関係にあり、低価格を追求しようとすれば、機能や品質を低下せざるを得なくなる。

解答●p.70

2●製品企画の流れ

テキスト第1章第1節

問題 3

H28前

設計企画から量産までの各段階に関する記述として適切なものは、次のうちどれか。

ア．設計企画段階では、①要求仕様、②目標原価、③広告・宣伝の開始時期の３点が明確になっていなければならない。
イ．構想設計は、機能構造を構築する実体設計と、機能構造を実現する機能を具体化する概念設計の２つに区分される。
ウ．詳細設計では、機械設計、電気設計、ソフトウェア設計等の機能別設計を行う。
エ．手戻りの発生を防ぐためには、構想設計と並行して製品製造の準備を行う必要がある。
オ．CAEやシミュレータ等の活用によるコンピュータ上での製造や工程設計の評価結果は、デザインレビューの対象ではない。

解答●p.72

問題 4

H29前

図は商品企画から量産までの流れを示している。図①～③の各段階と＜ａ群＞に示すその内容との組合せとして適切なものは、次のうちどれか。

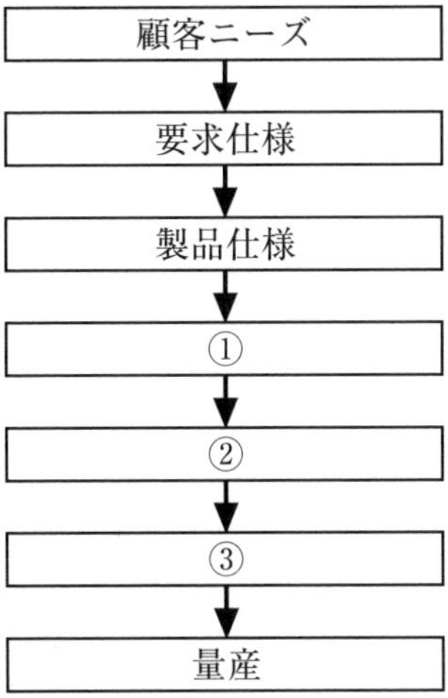

＜ａ群＞

A．調達する部品の仕様、製造に必要な設備・治工具、製造用資料などは、この段階で順次決定・作成されていく。

B．電子機器を例にとれば、機能構造を実現する機械機能、電気機能、ソフトウェア機能を実際の製品の形に具体化する。

C．CAE（Computer Aided Engineering）などの活用により、この段階を省略する場合も増えてきている。

D．要求仕様を基に、機能構造に分解し、個々の機能解析及びこれらを組み合わせた製品全体の機能解析を行い、要求仕様を満たす機能構造を構築する。

E．外注を含め多くの部門・設計者が関わるため、日程・コスト・品質（設計成果物）の管理が重要となる。

ア．①：A、D　②：B、E　③：C

イ．①：B、D　②：A、C　③：E

ウ．①：C、E　②：B、D　③：A

エ．①：A、B　②：C、D　③：E

オ．①：B、D　②：A、E　③：C

解答●p.72

1●経営戦略と製品企画

テキスト第1章第2節

問題 5

H27後

経営戦略と製品企画に関する記述として適切なものは、次のうちどれか。

ア．市場調査に関わる費用、製造のための設備投資、新製品の販売に関わる費用なども製品の直接原価に含めて費用の回収を図る必要がある。

イ．デザインインは、完成品メーカーにとっては製品開発が効率化され生産性が向上するというメリットがあり、部品メーカーにとっては自社製品の採用を有利に展開できるというメリットがある。

ウ．新技術を取り入れた製品では、開発の初期段階においては開発部門と製造部門が主導して進め、量産体制に入った段階から販売部門の参画が重要である。

エ．顧客の印象を決定づける最も大きな要因は、製品のデザインとパッケージングであり、保守サービス部門の活動は、顧客の印象には影響しない。

オ．生産財の市場戦略では、営業拠点と保守サービス拠点はメーカーの生産拠点に合わせることが重要である。

解答●p.74

問題 6

H28後

経営戦略と製品企画に関する記述として不適切なものは、次のうちどれか。

ア．製品評価因子分析では、製品本来の基本的な機能と、操作性や嗜好性《しこうせい》といった付随的な性能との２つの観点から、製品を評価する項目を設定する。

イ．市場調査に係る費用、新製品開発に係る費用、製造のための設備投資などは、費用発生とその回収について予算化し、実績管理することが必要である。

ウ．顧客満足度を確保するためには、トレードオフの関係にある製品の信頼性・安全性・操作性のバランスをとることがポイントとなる。
エ．消費財では、多くの販売が見込まれるが競合製品が多い分野をターゲットとするか、多くの販売は期待できないが競合製品が少ない分野をターゲットとするか、によって製品企画と市場戦略は大きく異なる。
オ．生産財においては、保守性を重視した製品企画と保守サービス拠点の整備による差別化が重要である。

解答●p.74

問題 7

H29前

製品企画は、製品の差別化を通して外部に働きかける行為と捉えることができる。下図は製品の差別化の視点を「機能」、「機能軸（デザイン、ネーミング、ブランドなど）」、「製品分野」の３つに分類し、外部へ働きかける関係を表したものである。
空欄Ａ～Ｅと＜語群＞の組合せとして適切なものは、次のうちどれか。

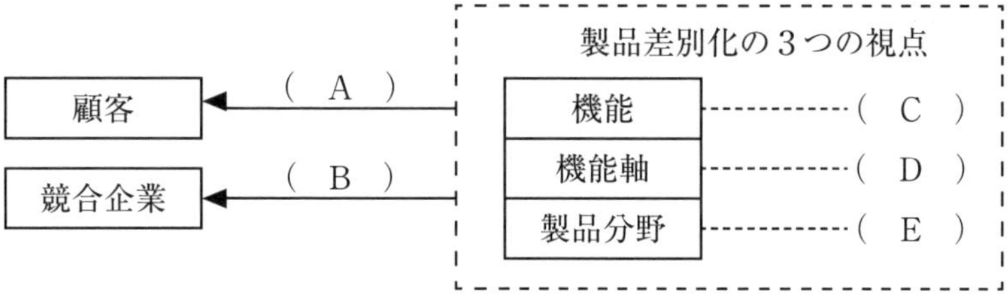

＜語群＞
1．価値提供
2．利益確保
3．価値創造
4．コスト優位確保
5．優位性確保
6．新しい機能の追加
7．特定機能における差別化

8．既存の製品分野における新しい価値の提供
9．新しい分野における製品の開発

ア．	A：1	B：4	C：7	D：9	E：8
イ．	A：1	B：5	C：7	D：8	E：9
ウ．	A：2	B：5	C：6	D：7	E：9
エ．	A：3	B：4	C：9	D：6	E：8
オ．	A：1	B：5	C：7	D：9	E：8

解答●p.75

2●製品企画と分析

テキスト第1章第2節

問題 8

H27前

製品企画の段階でも、SWOT分析を適用することは有効である。以下に示す表を参考にして、このSWOT分析に関する記述として最も適切なものは、次のうちどれか。

		外部要因	
		機会（Opportunity）	脅威（Threat）
内部要因	強み（Strength）		
	弱み（Weakness）		

ア.「機会×強み」の領域では、事業の選択と集中とを行い、シェアの拡大より、収益性を高めることを優先する。

イ.「脅威×弱み」は、市場に機会がなく、自社も強みを持たない領域であるため、直ちに事業撤退を行う。

ウ. 目標により、内部要因は「強み」にも「弱み」にもなると同時に、外部要因は「機会」にも「脅威」にもなるので、SWOT分析は目標を定めてから実施する。

エ. SWOT分析は、取り上げる項目を絞り込むと効果的である。そのために具体的な数値目標を定めてから実施するのがよい。

オ.「機会×強み」の領域では積極的戦略をとり、「脅威×強み」の領域では事業維持に努めるのが基本である。

解答●p.76

問題 9

H28後

SWOT分析とPPM（Product Portfolio Management）分析に関する記述と

して不適切なものは、次のうちどれか。

ア．SWOT分析では、自社の外部環境を機会と脅威に、内部環境を強みと弱みに分けて整理する。
イ．SWOT分析の手順としては、まず機会と脅威を分析・検討してから、強みと弱みを分析・検討する。
ウ．PPMは、経営資源の配分を適切に行うための手法であり、縦軸に市場成長率、横軸に相対的マーケットシェアを設定し、自社の事業や製品を位置づける。
エ．PPMでは、市場成長率と相対的マーケットシェアを高低により４つの象限に分け、各象限は「問題児」、「花形」、「金のなる木」、「負け犬」と呼ばれる。
オ．PPMの「金のなる木」に属する事業や製品は、相対的マーケットシェアは低いが、市場成長率は高い。

解答●p.76

問題 10

H29後

下記の＜語群＞ａ～ｆは、成長－シェアマトリクスの象限Ａ～Ｄに関する説明である。象限Ｄに関する説明の組合せとして最も適切なものは、次のうちどれか。

成長－シェアマトリクス

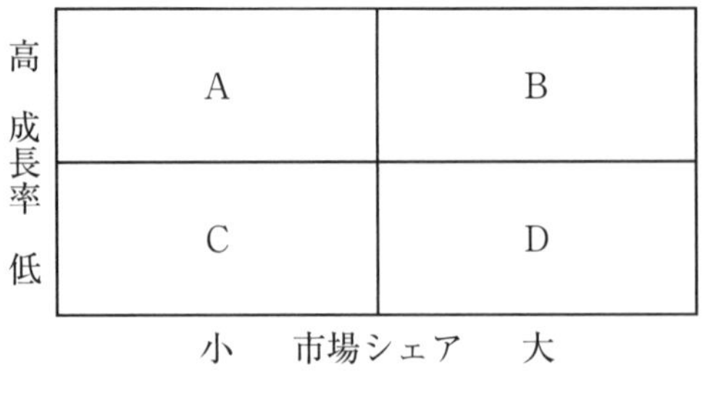

＜語群＞

ａ．市場競争に勝ち、生き残った事業で、収益率が高い事業である。

ｂ．収益率は高いが、新規参入が多く、市場競争が激しい事業である。

ｃ．設備投資や研究開発投資より、需要を維持するためのマーケティング活動が重要である。

ｄ．経営者にとって、投資を拡大するか、撤退するかの決断が難しい。

ｅ．市場における地位を維持するためには、研究開発投資、設備投資を積極的に行う必要がある。

ｆ．撤退を検討する必要がある。

ア．ａ、ｅ

イ．ｂ、ｃ

ウ．ｂ、ｄ

エ．ｄ、ｆ

オ．ａ、ｃ

解答●p.77

3●原価企画

テキスト第1章第2節

問題 11

H28前

原価企画に関する記述として不適切なものは、次のうちどれか。

ア．製品企画段階から、製品の企画・開発・製造・販売といったビジネスプロセスに関与する専門メンバーが一堂に会し、目標原価の範囲内に製品原価を収めることを追求する。
イ．目標原価は、売価から目標利益を差し引いて設定される。
ウ．目標原価は、製品の機能別に割り付けてから、さらに部品別に割り付ける。
エ．消費者ニーズの多様化、企業間競争の激化、製造工程の複雑化・高度化による自動機器・省力機器の導入といった環境変化により、製造段階において能率を上げて原価を低減する余地は小さくなっている。
オ．目標原価の達成度チェックのため、現状の原価を見積り、その原価見積りより目標原価のほうが高い場合には、更なる原価低減活動を進める。

解答●p.78

問題 12

H28後

原価企画において目標原価と見積原価との間に乖離《かいり》が発生した場合、目標原価に近づけるためにとるべき方法として不適切なものは、次のうちどれか。

ア．原価企画段階で、原価差異分析により、標準原価と実際原価の差異の原因を明らかにして対策を行う。
イ．製品全体の構造の単純化や部品の配置などの見直しを行うことで原価低減を図る。
ウ．目標原価の設定が適切であるかチェックを行い、不適切である場合は目標原価の修正を行う。

エ．VE活動などにより、部品費や材料費などの原価低減を行う。

オ．機能別原価の配分の見直しを行い、重要でない機能への配分額を減少させる。

解答●p.79

問題 13

H29前

原価企画の考え方に関する記述として不適切なものは、次のうちどれか。

ア．原価企画は製品開発の段階において、目標原価と見積原価とを一致させようとする組織的努力であるといえる。

イ．原価企画を有効なものとするためには、プロジェクトマネジャーのリーダーシップに基づく、トップダウン型の意思決定が必要要件である。

ウ．原価企画の前に、製品コンセプトを明らかにする必要があるが、近年では、製品コンセプトと目標原価とを同時決定するような傾向が強くなってきている。

エ．原価企画が重要性を増してきた背景として、製品ライフサイクルの短縮化、消費者ニーズの多様化などがある。

オ．既存製品をモデルチェンジする場合は、機能別原価は配分率を変えずに、総原価のアップ分又はダウン分を一律にアップ又はダウンして配分する。

解答●p.79

1●プロジェクトマネジメント

テキスト第1章第3節

問題 14

H29後

プロジェクトマネジメントに関する記述として不適切なものは、次のうちどれか。なお、WBSは、Work Breakdown Structureである。

ア．プロジェクトマネジメントの目的は、多様な分野のスキルを持つプロ集団から成る構成員を管理・統制することにより所定の期間内にプロジェクトの目標を達成することにある。
イ．WBSは、プロジェクト全体の仕事及び作業項目を漏れなく、重複することなく把握するために、プロジェクトの各工程を担当者の作業レベルまで展開したものである。
ウ．品質マネジメントは、品質計画、品質保証、品質管理の３つのプロセスによって構成され、プロジェクトの成果物のみならずプロセスも対象としている。
エ．スコープマネジメントとは、プロジェクトで発生するリスクを、どのようにマネジメントしていくかを決めることである。
オ．統合マネジメントの重要な機能は、特定の領域以外の領域に与える影響を識別し、適切に対処すること及び相互に相反する利害をバランスさせることである。

解答●p.81

問題 15

H29前

プロジェクト統合マネジメントにおける各プロセス群に関する説明として不適切なものは、次のうちどれか。

ア．立上プロセス群は、プロジェクトの存在を公式に許可し、プロジェクト活動に組織の資源を適用する権限をプロジェクトマネジャーに与えるための文書を作成するプロセスである。

イ．計画プロセス群は、すべての変更要求をレビューし、変更を承認して、成果物、プロジェクト文書、プロジェクトマネジメント計画書などへの変更をマネジメントし、それらの最終的な処理を伝達するプロセスである。

ウ．実行プロセス群は、プロジェクト目標を達成するために、プロジェクトマネジメント計画書で定義された作業をリードし、遂行し、また承認済み変更を実施するプロセスである。

エ．監視・コントロールプロセス群におけるプロジェクト作業の監視・コントロールは、プロジェクトマネジメント計画書に定義されたパフォーマンス目標を達成するため、進捗を追跡し、レビューし、報告するプロセスである。

オ．終結プロセス群は、プロジェクトやフェーズを公式に終了するために、すべてのプロジェクトマネジメントプロセス群のすべての活動を完結するプロセスである。

解答●p.82

2●ナレッジマネジメント

テキスト第1章第3節

問題 16

H28前

ナレッジマネジメントに関する記述として適切なものは、次のうちどれか。ただし、SECIは①共同化（Socialization）、②表出化（Externalization）、③結合化（Combination）、④内面化（Internalization）の頭文字をとったものである。

ア．言語や数値で表現することが難しい「暗黙知」については小グループで、言語化、数値化されている「形式知」については組織全体で、共有して活用していくことを目指すものである。
イ．組織全体で知識創造プロセスを促進するマネジメントにとって重要なことは、効率を重視し、不必要な重複や無駄を排除した組織をつくることである。
ウ．「SECI」では、個人、集団、組織の間における暗黙知から形式知への交換と、知識移転のプロセスを示している。
エ．「SECI」における内面化とは、具現化された形式知を組み合わせ、それを基に、新たな知識を創造することである。
オ．熟練した技能や知恵を短時間で把握するために、暗黙知を明示する普遍的な手法が確立されている。

解答●p.83

問題 17

H28後

ナレッジマネジメントに関する記述として適切なものは、次のうちどれか。

ア．暗黙知とは、言葉では表現しきれない主観的で身体的な知、例えば、信念、思い、ノウハウといった知のことである。

イ．形式知とは、文章や言葉で表現できる客観的で理性的、かつアナログ的な知のことである。
ウ．暗黙知の例として、CADマニュアルにまとめられた操作の手順や注意事項が挙げられる。
エ．形式知の例として、プレス機械への金型の取り付け作業における、ボルトの締め付け具合を微調整するための勘が挙げられる。
オ．形式知を習得する例として、弟子が師の技を共体験を通じて学び、熟練を獲得することが挙げられる。

解答●p.83

問題 18

H29後

ナレッジマネジメントに関する記述として適切なものは、次のうちどれか。

ア．ナレッジマネジメントの浸透により、組織全体の生産性の向上、意思決定のスピード向上、業務の革新などが期待されるが、個人の能力の育成は期待できない。
イ．可視化とは、人間の目に見えない現象・事象及び関係性を見える形で表現し、理解しやすくすることをいう。
ウ．データウェアハウスは、データを分析するツールである。例えば、全商品の集計値からA分類のみの集計やａ商品のみの集計に切り替えたり、集計表の軸を切り替えることなどができる。
エ．データマイニングとは、基幹業務を支援するために構築された業務系データベース（例：販売管理業務を支援する販売管理データベースなど）の別称である。
オ．グループウェアやナレッジベースを利用して知識共有化を推進するには、アクセス権限を設けて登録可能な人数を制限する必要がある。

解答●p.84

1●設計管理の目的

テキスト第2章第1節

問題19

H28後

製品開発において、上流段階でのQCDの作り込み、及び関連部門との組織的取り組みが必要な理由として不適切なものは、次のうちどれか。

ア．製品ライフサイクルが短縮化し、製造段階での作り込みには限界があるから。
イ．構想設計段階で顧客ニーズを十分に反映させる必要があるから。
ウ．生産リードタイムに与える影響が大きいから。
エ．詳細設計段階で資材調達や量産化を視野に入れる必要があるから。
オ．原価の発生に関して上流と下流を比較すると、多くの製品において上流である開発・設計段階で大半の原価が実際に発生しているから。

解答●p.86

2●設計管理の流れ

テキスト第2章第1節

問題 20

H29前

商品企画から量産に至るプロセスにおける各段階の説明として適切なものは、次のうちどれか。

ア．設計企画段階では、①要求仕様、②目標原価、③販売促進施策の３点が明確になっていなければならない。

イ．概念設計では、機能構造を実現する各機能（機械機能、電気機能、ソフトウェア機能など）を実際の製品の形に具体化する。

ウ．実体設計では、要求仕様を基に機能構造に分解し、各機能構造を満たす原価を明らかにしたうえで、製品全体の目標原価を設定する。

エ．製品製造の準備は詳細設計と並行して進める必要があり、調達する部品の仕様や製造用資料などは、早い段階で資材部門・製造技術部門に提示するとよい。

オ．詳細設計では、一切の余裕を排除した計画を立てる必要があり、そのため１つの工程での遅れが全体へ影響を及ぼさないよう厳格な日程管理が求められる。

解答●p.87

G●設計管理　＞　1●設計管理の目的と流れ

3●DR（デザインレビュー）

テキスト第2章第1節

問題 21

H28後

生産財におけるDR（デザインレビュー）の意義と目的に関する記述として不適切なものは、次のうちどれか。

ア．DRでは、製品の設計品質から製造段階の製品品質までを評価すべき対象範囲としている。

イ．レビュー参加者の間で設計内容や注意点を共有化することができるので、異なる知識を持つ設計者間でのノウハウの周知化が可能となる一方で、成果物の属人性を排除することが可能になる。

ウ．DRの管理責任者には、技術知識が豊富で設計の経験があることが望ましいが、それと同時に、決断力があり関係部門との調整がとれることなどが求められる。

エ．初期流動段階における各種トラブルが未然に防止され、品質の安定化、製造原価の低減、開発スケジュールの短縮に貢献する。

オ．部門間でのコミュニケーションが活発化されることで情報が共有化され、協力体制が強化される。

解答●p.88

問題 22

H29前

DR（デザインレビュー）を補完・強化する意味で、QR、CRという審査が追加される。下図はDRとQR、CRの相互の関係を表したものである。空欄Ⅰ～Ⅳに入る語句を＜語群＞から選び、その組合せとして適切なものは、次のうちどれか。

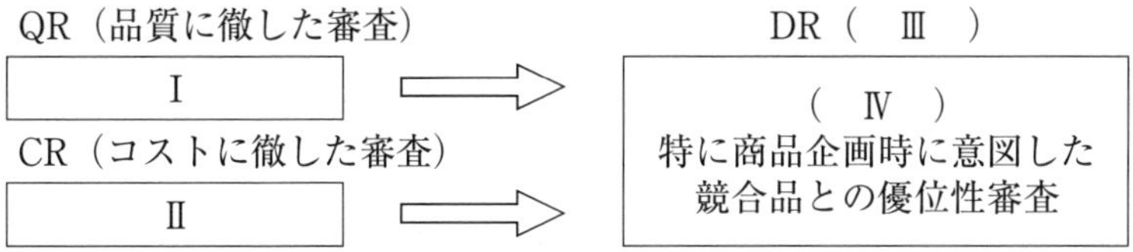

＜語群＞

1．製品としての安全性や環境問題の審査

2．幅広い技術分野の専門家による審査と品質の早期作り込み

3．源流からの目標原価とその達成状況の審査

4．開発に必要な資源（人・金）が十分かの審査

5．納期に徹した審査

6．QCDの総合審査

7．デザイン（意匠）の良否審査

8．各ステップでの作り込み状況の総合審査

ア．Ⅰ：1　　Ⅱ：3　　Ⅲ：5　　Ⅳ：7

イ．Ⅰ：2　　Ⅱ：4　　Ⅲ：6　　Ⅳ：8

ウ．Ⅰ：1　　Ⅱ：3　　Ⅲ：5　　Ⅳ：8

エ．Ⅰ：2　　Ⅱ：3　　Ⅲ：6　　Ⅳ：8

オ．Ⅰ：2　　Ⅱ：4　　Ⅲ：5　　Ⅳ：7

解答●p.88

4●DRとドキュメント

テキスト第2章第1節

問題 23

H27後

DR (Design Review) とドキュメントに関する記述として最も適切なものは、次のうちどれか。

ア．新製品の開発競争が激しい現在、DRにおいては、開発・設計に関する各種情報を多面的に評価するのではなく、自社技術の得意分野に絞って評価することが重要である。

イ．DRにおいては、過去の経験や失敗を参考に分析しても改善策に結び付くものではないことから関係者多数の知識・経験を集積し、分析・評価を行うのがよい。

ウ．技術革新が早い現在、DRの実施記録は、当該製品の記録にとどめ、次期新製品の開発・設計のために残す記録は省略してもよい。

エ．一般的にDRで評価対象となるドキュメントは、製品企画段階、構想設計段階、詳細設計段階に分けて作成すると抜けや漏れが少なくなり効率的である。

オ．製造仕様書は、設計仕様書が完了した時点で直ちに作成に着手するとよい。これによって加工・組立手順、使用する設備・治工具、製造条件等の準備が早くできるため早期立ち上げが実現できる。

解答●p.90

問題 24

H29後

DRとドキュメントの関係に関する記述として最も適切なものは、次のうちどれか。なお、DRは、Design Reviewである。

ア．商品企画段階：新製品の新規性の程度に応じ、顧客のニーズ（明示的、暗黙的）や関連法規制などの整理、また、他社比較によるセールスポイント、ターゲットユーザー、商品コンセプトなどの決定が行われる。原価企画書などのドキュメントが作成される。

イ．製品企画段階：市場の顧客の言葉と技術者の言葉を２元的な品質表で検討し、顧客の要求を然るべき技術的仕様に変換し、製品としてのねらいの品質を明確にする。品質標準書などのドキュメントが作成される。

ウ．構想設計段階：フリーハンドの作図やイラストなどで、製品全体の機能解析から要求仕様を満たす機能構造を考え、次のステップでは機械機能、電気機能、ソフトウエア機能などを実際の製品の形に具体化していく。商品企画書などのドキュメントが作成される。

エ．詳細設計段階：機械、電気、ソフトウエアなどの機能構造個々について機能別設計の詳細仕様がまとまり、製品のイメージが具体化される。製造仕様書などのドキュメントが作成される。

オ．生産準備段階：生産設備や治工具などの設置、部材の払出、初期製造の中で、主としてQC工程表の管理項目、設備、治工具、作業標準、検査基準などの妥当性確認などの活動が実施される。製品仕様書などのドキュメントが作成される。

解答● p.90

5●コンカレントエンジニアリング

テキスト第2章第1節

問題 25

H20前

以下の事例を読み、＜問＞に答えなさい。

航空機メーカーB社は、最新の大型機『X』の開発プロジェクトを開始するにあたり、前世代の中型機『Y』の開発プロセスの問題点を検証し、従来とは異なる新しい開発手法を導入した。第一の特徴は、『X』の開発では、25万点にも及ぶ部品すべてのデータが３次元CADデータとして一元管理されたことである。その結果、直接NCプログラムや治工具設計ができるようになり、また、複雑な部品間の干渉の早期発見につながった。第二の特徴は、設計部門から製造、資材、品質保証、さらに顧客であるエアラインまで関連するさまざまな部門がデザインビルドチームとして一緒に最適な製品形態や生産方式を決定する体制が強化されたことである。

＜問＞

下記の図は、『X』と『Y』の開発期間（設計・出図～飛行試験まで）を比較したものである。特徴１、２を踏まえたうえで下記の図に対する＜考察の説明＞として適切なものの組合せは、次のうちどれか。

なお、『X』は総重量で『Y』の1.5倍の大型機である。

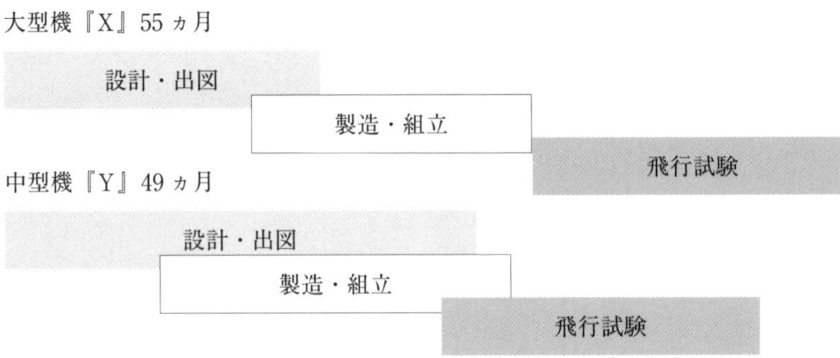

＜考察の説明＞

1．『Y』のプロジェクトでは、構造設計、装備設計、強度解析、製造設計、治工具設計などの設計作業が同時並行的に検討されたので、設計期間が長くなったものと考えられる。
2．『X』のプロジェクトでは、詳細設計と製造設計、治工具設計が同時並行的に行われたので、設計期間が短くなったと考えられる。
3．『X』のプロジェクトでは、設計と製造がシーケンシャルに行われたことが、『Y』よりも設計・開発、製造・組立の期間が長くなった最大の原因と思われる。
4．『Y』のプロジェクトでは、製造・組立が設計と同時並行的に行われ、製造現場の意見が設計に反映されたので、製造現場の混乱は少なかったと思われる。
5．『X』のプロジェクトでは、初期段階で図面の精度が高められ、設計変更による修正が削減されたので、製造･組立期間が短縮されたと思われる。

ア．1、2、4
イ．1、3
ウ．3、4
エ．1、5
オ．2、5

解答●p.92

問題 26

H28後

コンカレント・エンジニアリングに関する記述として不適切なものは、次のうちどれか。

ア．フロントローディングとは、製品開発プロセスの下流段階における変更対応を最小限とするため、上流段階で充分な検討･検証を行うことをいう。
イ．CAD・CAE・PDM（Product Data Management）などのシステムを通じて設計データの共有・共用を行い、製品品質の向上と開発期間の短縮を目指す。

ウ．製品開発において、構想設計・詳細設計・生産設計・生産準備などの各種設計、及び、生産準備の工程を同時並行的に行う。

エ．関連する各部門からメンバーを選出し、チームを編成し、その作業のほとんどがフェイス・トゥ・フェイスで行われる。

オ．後工程の意見が開発初期段階で反映されるため、製品出荷後の変更などが少なくなる。

解答●p.93

G●設計管理 ＞ 2●最適設計のための設計管理

1●設計管理と分析

キスト第2章第2節

問題 27

H29前

設計管理に関する記述として最も適切なものは、次のうちどれか。ただし、CSは、Customer Satisfactionである。

ア．TRIZは、魅力的な商品であるにもかかわらず売上げが伸びないような場合、その原因と改善策を探るための手法である。
イ．設計管理の管理対象範囲は、製品の機能と品質である。
ウ．PERTは、顧客・市場のニーズを製品・サービスの設計品質を表す代用特性へ変換し、さらに構成部品の特性や工程の要素・条件へと順次系統的に展開していく手法である。
エ．タグチ・メソッドは、開発・設計段階で適用され、製品が市場に出たときのことを考慮した予測手法である。
オ．CS分析は、世界中の特許150万件以上から技術特性を整理して40の発明原理を抽出し、特許に値する解決案を見つける手法である。

解答●p.94

問題 28

H28後

QFD（品質機能展開）を構成する要素＜Ａ群＞と、その説明＜Ｂ群＞の組合せとして適切なものは、次のうちどれか。

＜Ａ群＞
Ⅰ．要求品質展開表
Ⅱ．品質特性展開表
Ⅲ．品質表
Ⅳ．企画品質

Ⅴ．設計品質

＜B群＞

① 品質要素の重要度が明らかになった後、重要品質要素を具体化して設定するもの。

② 要求品質を実現しているかどうかを測る代用特性を各要求品質から抽出し、グルーピングして展開表にまとめたもの。

③ 要求品質に対する市場の要求の強さ、競合他社の充足度を調査したうえで設定するもの。

④ 市場から技術に転換する表といわれ、要求品質と品質要素の対応の強さを◎、○、△の記号を用いて示したもの。

⑤ 要求品質を具体的にラベルに書き出し、親和図法などによってグルーピングして展開表の形に整理したもの。

ア．Ⅰ－①、Ⅱ－②、Ⅲ－⑤、Ⅳ－③、Ⅴ－④

イ．Ⅰ－⑤、Ⅱ－②、Ⅲ－④、Ⅳ－③、Ⅴ－①

ウ．Ⅰ－②、Ⅱ－③、Ⅲ－⑤、Ⅳ－①、Ⅴ－④

エ．Ⅰ－③、Ⅱ－⑤、Ⅲ－④、Ⅳ－②、Ⅴ－①

オ．Ⅰ－④、Ⅱ－①、Ⅲ－②、Ⅳ－③、Ⅴ－⑤

解答 p.94

問題 29

H29前

QFD（Quality Function Deployment）に関する記述として適切なものは、次のうちどれか。

ア．要求品質展開表では、顧客の要求が原始データとしてすべて列挙されている。

イ．要求品質から代用特性を抽出し、グルーピングして展開表にまとめたのが品質要素展開表である。

ウ．品質表の中で、品質要素と対応関係が１つもない要求品質は、要求品質展開表から削除してよい。
エ．企画品質は、重要品質要素を具体化したものである。
オ．設計品質は、要求品質重要度を整理して設定したものである。

解答●p.95

問題 30

H29後

QFDに関する記述として不適切なものは、次のうちどれか。
なお、QFDは、Quality Function Deploymentである。

ア．要求品質展開表は、顧客の品質面の要求を「要求品質」として抽出した後、親和図法などを活用してグルーピングし、階層構造に表したものを展開表に整理したものである。
イ．品質表は、全体的に俯《ふ》瞰《かん》することと、細部を拡大し検討する作業を繰り返すことが重要である。
ウ．狭義の品質機能展開は、品質を形成する職能ないし業務を系統的に段階的に細部に展開していくことと定義される。
エ．一般的に抽象的な顧客の要求を具体的な要求に変換するには、要求を細分化することが必要である。
オ．QFDにおいて、顧客の生の声を収集し、これを要求品質に変換する作業は、顧客の形式知を調査者の形式知に変換することである。

解答●p.95

2●価値工学（VE）

テキスト第2章第2節

問題 31

H28前

価値工学のジョブプランにおける機能定義及び機能評価に関する説明項目の組合せとして適切なものは、次のうちどれか。

＜説明＞
1．対象の機能と同じ働きをする最も安い代替品を探す。
2．顧客の要求する目的や期待する働きを明確にする。
3．それぞれの機能を果たすために使用されている材料費や加工費を明確にして、機能ごとに配分する。
4．機能系統図により機能の目的と手段の関係を明らかにする。
5．V（価値）＝F（機能）÷C（コスト）の式により価値指数を求める。
6．ブレーンストーミングを活用する。
7．最上位機能、基本機能、補助機能に分類整理する。

ア．機能定義：2、4、6、7　　機能評価：1、3、5
イ．機能定義：1、5、6　　機能評価：2、3、7
ウ．機能定義：1、2、5　　機能評価：3、4、6、7
エ．機能定義：2、4、7　　機能評価：1、3、5
オ．機能定義：1、3、5　　機能評価：2、4、7

解答●p.97

問題 32

H29前

VE（Value Engineering）活動に関する記述として適切なものは、次のうちどれか。

ア．VE活動の目的は、QC活動の目的と本質的に同一であると考えてよい。

イ．VEの実施手順は、「①VE対象の機能評価」→「②機能定義」→「③代替案の作成」の順となる。

ウ．対象テーマの選定基準においては、制約条件の少ないもの、定められた期間に結論の出るものを選ぶとよい。

エ．製品やサービスを構成する個々の機能間の関係を明確にするためには、顧客満足の達成度合いに基づき分類整理する。

オ．機能評価の段階では、機能達成に掛かっている現状コストを調べ、各機能が達成される最低のコストを目標コストとして設定する。

解答● p.97

問題 33

H29後

VEに関する記述として適切なものは、次のうちどれか。
なお、VEは、Value Engineeringである。

ア．VEでは、機能を顧客が要求する働きとしての「最上位機能」、設計者が重要と考える「上位機能」、上位機能を構成する「基本機能」に分類・整理する。

イ．VEで対象とする価値は、それを使用して得られる使用価値と、所有することで得られる貴重価値の２つである。

ウ．VEで扱われるコストには、製造コストのほか、製品を納入する際の流通コスト、保守サービスのコストなども含むが、製品を使用する際に発生する運転コストまでは含まない。

エ．機能は名詞、副詞及び動詞の３語で簡潔に表現する。

オ．VE活動によって価値の向上を実現するには、基本的な方向性として、機能向上によるものと、コスト引下げによるものがある。コストアップを伴う価値の向上は、VEでは採用されない。

解答● p.98

3●信頼性・保全性設計

テキスト第２章第２節

問題 34

H27後

信頼性・保全設計に関する以下の１～４の＜事例＞に該当するものの組合せとして適切なものは、次のうちどれか。

＜事例＞

１．中型以上の航空機では複数のエンジンを備え、１つのエンジンが故障しても、残りのエンジンにより、一定時間の飛行を可能とする。

２．原子炉では、制御棒の電源が切れると、制御棒自身の重さで降下し、核分裂を制御して原子炉が停止する。

３．ブレーキを踏まないとシフトレバーをパーキング（Ｐ）位置から動かすことができないようになっている。

４．汎用性の高い部品をできるだけ多く採用する。

ア．①冗長設計　②保全性設計
　③フェールセーフ設計　④フールプルーフ設計

イ．①冗長設計　②フェールセーフ設計
　③フールプルーフ設計　④保全性設計

ウ．①フェールセーフ設計　②フールプルーフ設計
　③保全性設計　④冗長設計

エ．①フェールセーフ設計　②フールプルーフ設計
　③冗長設計　④保全性設計

オ．①保全性設計　②フールプルーフ設計
　③フェールセーフ設計　④冗長設計

解答●p.99

問題 35

H28前

信頼性設計に関する記述として適切なものは、次のうちどれか。

ア．故障による影響を他の部分に波及させないように、故障した部分を自動的にシステムから離脱させる、という考え方は、冗長設計の１つである。
イ．フールプルーフ設計では、故障や操作ミスの発生を前提とし、常に安全に導く機構を組み込んでいる。
ウ．作業者が手を出しても接触しないように、機械の回転部にカバーを取り付けるのは、フェールセーフ設計である。
エ．保全性設計と信頼性設計とはトレードオフの関係にあり、システムに求められる信頼性と保守・点検に要する制約条件について、充分に検討する必要がある。
オ．フェールセーフ設計では、ミスの発生を未然に防止する方法として、「排除」、「代替化」、「容易化」という３つの考え方がとられる。

解答● p.99

問題 36

H28後

信頼性・保全性設計に関する以下の具体例のうち、フェールセーフ設計の説明として適切なものは、次のうちどれか。

ア．踏切の遮断機において、遮断棹《さお》が上がっている状態を維持する場合に力をかけなければならないようにする。
イ．テレビ放送の送信装置が故障した場合、放送が途切れることなく、別系統が作動する。
ウ．電子レンジは、ドアを閉めないと加熱処理ができない。
エ．動作電圧の状態を機器自体が常時監視し、異常あるいは異常の予兆現象を検知した場合は、表示又は音声により知らせる。

オ．ボルトを必要な数量のみ組立現場に供給し、ボルトの取り付け忘れを防止する。

解答●p.100

4●資材の有効活用

テキスト第2章第2節

問題 37

H28後

資材標準化のメリットに関する記述として最も不適切なものは、次のうちどれか。

ア．在庫品の点数を少なくできることから、倉庫管理費用を低減できる。
イ．資材１品種の数量がまとまることから、安く購入できる。
ウ．標準化することにより、調達期間の短縮につながる。
エ．顧客ニーズの細かな変化に迅速に対応できる。
オ．加工や組立の作業方法の標準化につながり、設備機械の能力をより引き出すことができる。

解答●p.102

問題 38

H29後

リユース及びリサイクルを考慮した設計に関する記述として不適切なものは、次のうちどれか。

ア．再材料化が可能な材料を選択する。
イ．ネジの数量削減や部品などの取り外しの容易化を進める。
ウ．部品ごとの寿命の違いに着目し、短寿命部品を分離可能にする。
エ．筐《きょう》体や部品を小型化・軽量化する。
オ．他機種や後継機を含め、設計の共通化を図る。

解答●p.102

5●設計・試作と管理情報

テキスト第2章第2節

問題 39

H28前

新製品を設計・試作・量産する場合の設計情報管理に関する記述として最も不適切なものは、次のうちどれか。

ア．設計情報管理の意義として、「同一又は類似設計作業の発生防止」、「複数のメンバーで１つのものを設計・開発する場合の情報の共有化」等がある。

イ．図面の変更版管理や製品の構成管理を適切に行い、情報の共有化を強化することは、設計・試作・量産の効率化につながる。

ウ．複雑な新製品においては、2D－CADによる設計完了後、試作機を使った設計仕様の検証や評価の手順を経ても、量産における製品内の干渉やムダな手戻りを完全なまでに無くすことは難しい。

エ．シーケンシャルエンジニアリングの適用、3D－CAD・CAE等を使った設計データの共有化及びその活用を行う仕組みは、設計期間を大幅に短縮する。

オ．コンカレントエンジニアリングの適用及び蓄積された設計上の初期情報を活用する仕組み、最新IT機器による設計データの共有化は、製品品質の向上に役立つ。

解答●p.104

問題 40

H28後

新製品の開発・設計段階において、技術情報が設計・製造部門間で有効に活用できる体制が整っていない場合に生じることが懸念される問題として最も不適切なものは、次のうちどれか。

ア．試作機を作らないと設計仕様の検証､製造のしやすさの評価ができない。
イ．量産製造開始までの時間とコストが増加する。
ウ．ほかの設計者が行った設計変更に気づかず、製品内で干渉が発生する。
エ．製造工程での作業性を改善するために、多くの手戻りが発生する。
オ．顧客ニーズに合致した機能・品質の製品を企画し、開発することができない。

解答●p.104

問題 41

H29前

新製品の開発に際し、３次元CADの設計データを関係者が共有することにより得られる効果として最も不適切なものは、次のうちどれか。

ア．量産製造開始までの時間を短縮することができる。
イ．顧客ニーズに応える製品仕様を決定することができる。
ウ．設計段階から設計仕様の検証、製造のしやすさの評価ができる。
エ．円滑な量産製造の立ち上げを図ることができる。
オ．製品内の干渉やムダな手戻りを削減することができる。

解答●p.105

1●生産財ビジネスと生産形態

テキスト第2章第3節

問題 42

H29後

工場の生産設備・機器などの特注品を個別受注生産するメーカーが事業を運営していくに当たり、注意すべき事項として最も不適切なものは、次のうちどれか。

ア．マーケットニーズを把握するための体制の構築
イ．組立ロボットの導入による生産性の向上
ウ．営業と開発・設計との業務連携の強化
エ．顧客ニーズへの過剰な適応の回避
オ．標準リードタイムのデータ整備

解答●p.106

問題 43

H28前

消費財と比較した生産財ビジネスの特徴に関する記述として不適切なものは、次のうちどれか。

ア．最終製品の重要部品を供給している部品メーカーでは、受注生産的な要素が強く、個別顧客の要求にとらわれがちとなる。
イ．生産財の購買実態は、製品の評価基準が顧客ごとに異なっており、多様性がある場合が多い。
ウ．最終顧客である消費者のニーズに関する情報を、最終製品メーカー経由で入手することが多いことから、最終顧客のニーズを充分に把握できないことが多い。
エ．製品のマーケット情報は、営業担当者が集めなくても、さまざまなルートから入手可能である。

オ．営業担当者は、個別顧客の要求に応えることこそが、顧客満足の達成につながると考えがちで、設計部門や製造部門も、この意見に異を唱えにくい傾向がある。

解答●p.107

2●生産財設計の留意点

テキスト第2章第3節

問題 44

H29前

製造設備メーカーにおいて、製造設備を設計する際に考慮すべき点の記述として不適切なものは、次のうちどれか。

ア．複数の自動機を連接した製造ラインの場合、後工程で仕掛在庫やトラブルなどが発生した場合などに備え、機械に自ら製造を停止する機能を持たせるよう自働化が必要である。

イ．製造設備は必要なときに確実に作動できるようにすることが重要であるため、保守・点検・修理のしやすい構造にしなければならない。

ウ．顧客の要求する生産能力や設備投資予算に見合った製造設備を提供するためには、設備の性能や機能とコストのバランスを重視して設計しなければならない。

エ．設備の持つ性能を高い稼働率で発揮させるためには、高速・高機能な設備の設計を重視しなければならない。

オ．事業環境の変化に伴って、製造設備の導入当初の製造条件は変化することが予想されるため、製造設備は機能向上などの融通性のある構造とすることが重要である。

解答●p.108

1●工程設計・作業設計

テキスト第2章第4節

問題 45

H28後

一般的な組立作業現場での作業設計の有用な指針となる動作経済の原則に関する記述として不適切なものは、次のうちどれか。

ア．材料を作業点に送るには、重力を利用した供給を行うとよい。
イ．２つ以上の工具は、できるだけ１つの工具に組み合わせるとよい。
ウ．自然な運動の方が、制約された運動より早く楽で正確である。
エ．工具や材料は、すべて定位置に置くとよい。
オ．動作を意識して行えるようにするとよい。

解答●p.109

問題 46

H29後

＜ａ群＞に示す動作経済の原則と、＜ｂ群＞の内容との組合せとして適切なものは、次のうちどれか。

＜ａ群＞
Ａ．身体の使用に関する原則
Ｂ．作業域に関する原則
Ｃ．工具や設備の設計に関する原則

＜ｂ群＞
１．工具や材料は、できるだけ前置きしておくこと
２．工具や材料は、すべて定位置に置くこと
３．両手の動作は、同時に始め、同時に終わるべきであること
４．治具、取付具又は足踏み装置の活用によって、両手をより有効な仕事に

振り向けること
5．運動量（惰性、はずみ）をできるだけ利用すること
6．照明を適切な状態に整えること

ア．A：1、5　B：3、6　C：2、4
イ．A：3、4　B：1、5　C：2、6
ウ．A：3、6　B：1、4　C：2、5
エ．A：3、4　B：2、5　C：1、6
オ．A：3、5　B：2、6　C：1、4

解答●p.109

2●コンピュータの活用

テキスト第2章第4節

問題 47

H28前

＜ａ群＞に示すCAMの型と、＜ｂ群＞に示すその内容との組合せとして適切なものは、次のうちどれか。

＜ａ群＞
Ａ．2D CAM
Ｂ．3D CAM
Ｃ．フィーチャ型
Ｄ．サーフェイス型

＜ｂ群＞
1．形状の幾何情報と意図情報とを併せ持ち、加工方法や加工条件の決定に利用する。
2．プログラムの汎用性に優れ、精度の高い加工が可能であり、機械部品加工に多用されている。
3．CADで定義可能な形状をすべて扱えており、デザイン性の高い製品に多用される。
4．3D加工用の形状を曲面として保持しており、加工精度を上げやすい反面、計算速度が遅くなる。

ア．Ａ：1　　Ｂ：3　　Ｃ：2　　Ｄ：4
イ．Ａ：1　　Ｂ：4　　Ｃ：2　　Ｄ：3
ウ．Ａ：1　　Ｂ：4　　Ｃ：3　　Ｄ：2
エ．Ａ：2　　Ｂ：3　　Ｃ：1　　Ｄ：4
オ．Ａ：2　　Ｂ：3　　Ｃ：4　　Ｄ：1

解答●p.111

問題 48

H29前

コンピュータの活用に関する記述として適切なものは、次のうちどれか。

ア．CAEの活用により、試作することなく、３次元での部品間の干渉のチェックや、組立時の製造のしやすさを検討することができる。
イ．CADのデータを生産工程で有効活用するために開発されたものがCAMやCATであり、製品の強度や振動などを解析するために開発されたものがCAEである。
ウ．３次元CADでは、自由曲面を含む加工となることから、３軸以上の同時移動データが出力される。
エ．CAEでは、３軸同時移動データに加え、工具軸を傾斜させることから、回転軸のデータも出力される。
オ．CAMの活用により、図形をコピーして作れることから、類似部品を効率的に設計することができる。

解答● p.112

1●知的財産権とその内容

テキスト第2章第5節

問題 49

H28前

知的財産権に関する記述として適切なものは、次のうちどれか。

ア．産業財産権として、特許権、実用新案権、回路配置利用権、意匠権が挙げられる。

イ．営業秘密は、不正競争防止法によって保護されている。

ウ．知的財産とは、金銭・土地・商品といった経済的な価値がある有体物と考えられている。

エ．特許権の存続期間は、特許の設定登録日から20年間である。

オ．著作権の３大機能として、①出所表示機能、②品質保証機能、③広告的機能が挙げられる。

解答●p.113

問題 50

H28後

知的財産権に関する記述として不適切なものは、次のうちどれか。

ア．特許制度は、開発者・発明者に自己が開発した技術を世の中に開示してもらう制度ということができる。

イ．特許法では、開発者・発明者に開示・非開示の自由があるものの、技術を公開してもらい、その代償として一定期間の独占権を付与する制度ということができる。

ウ．特許法に基づいて開示された技術は、関連技術の積み重ねによって世の中の技術水準を向上させ産業の発達に寄与するので、特許制度の本質にかなう。

エ．「知的財産権」には、「著作権」や「産業財産権」が含まれる。

オ.「特許権」と「実用新案権」の存続期間はどちらも「出願の日から10年」と決められている。

解答●p.113

生産管理プランニング 2級

● 製品企画・設計管理

ビジネス・キャリア®検定試験
解答・解説編

1●製品企画の目的

テキスト第1章第1節

問題 1 解答

H28後

正 解 エ

ポイント 製品企画や設計管理の意義についての理解を問う。

解 説

ア．適切。製品企画の第二の目的は、製品の販売を通じて利益を確保することにあり、そのためには記述された内容が重要である。

イ．適切。例えば、設計段階で原価の80％が決まるといわれており、設計段階の管理が重要である。

ウ．適切。製品企画の第一の目的は、顧客満足度を確保する製品の機能・品質・価格を決定することにある。

エ．不適切。CAMではなくCAEである。CAEは、コンピュータ技術を活用して製品の設計、製造や工程設計の事前検討の支援を行うツールである。

オ．適切。設計段階は、製造された製品の使用者、使用方法にも大きく影響を与える。

●参考文献

・日本生産管理学会編「生産管理ハンドブック」日刊工業新聞社　1999

問題 2 解答

H25後

正 解 イ

ポイント 製品企画や設計管理の意義等についての理解を問う。

解 説

ア．適切。製品のライフサイクルが長かったときには、製造段階でのQCDの作り込みが重要視されたが、ライフサイクルの短縮化により新製品を次々と市場に投入する必要がある近年では、開発・設計段階でのQCD作り込みの重要性が高まっている。

イ．不適切。構想設計段階までは製品企画部門や販売部門との関わりが密接となってくる。

ウ．適切。ここで重要なことは、原価に利益を加えて売価を設定するのではなく、売価から利益を差し引き、原価を設定することである。

エ．適切。下図参照。

原価決定と原価発生

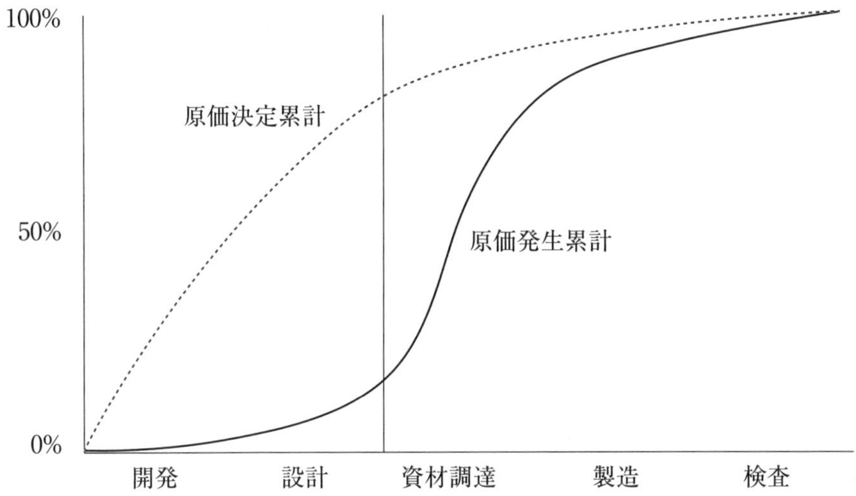

オ．適切。これらのバランスをとり、顧客満足度を確保することがポイントとなる。

2●製品企画の流れ

テキスト第1章第1節

問題 3 解答

H28前

正　解　ウ

ポイント　企画から量産までの各段階の業務についての理解を問う。

解　説

ア．不適切。設計企画段階では、①要求仕様、②目標原価、③量産開始時期（あるいは発売時期）の３点が明確になっていなければならない。

イ．不適切。機能構造を構築するのは概念設計であり、機能構造を実現する機能を具体化するのは実体設計である。

ウ．適切。詳細設計では構想設計での設計仕様に基づき、機能構造の個々について、機械設計、電気設計、ソフトウェア設計等の機能別設計を行う。詳細設計では外注を含め多くの部門・設計者が関わるため、日程・コスト・（設計成果物）品質の管理が重要となる。

エ．不適切。詳細設計段階に入ると、生産準備を並行して進める必要がある。

オ．不適切。デザインレビューの場で検証するのが一般的である。

問題 4 解答

H29前

正　解　オ

ポイント　設計管理の流れと各ポイントについての理解を問う。

解　説

A．②詳細設計に関する記述である。

B．①構想設計の実体設計を説明している。

C．③量産試作に関する記述である。

D．①構想設計の概念設計を説明している。

E．②詳細設計に関する記述である。

①構想設計

構想設計は、概念設計と実体設計の２つに区分することができる。

概念設計では要求仕様を基に、機能構造に分解し、個々の機能解析及びこれらを組み合わせた製品全体の機能解析を行い、要求仕様を満たす機能構造を構築する。

実体設計では、電子機器を例にとれば、機能構造を実現する機械機能、電気機能、ソフトウェア機能を実際の製品の形に具体化する。

②詳細設計

詳細設計では構想設計での設計仕様に基づき、機能構造の個々について、機械設計、電気設計、ソフトウェア設計等の機能別設計を行う。詳細設計では外注を含め多くの部門・設計者が関わるため、日程・コスト・（設計成果物）品質の管理が重要となる。

③量産試作

量産試作とは、開発完了後の生産準備段階において、量産の開始に先立って、量産と同じ生産方法（生産設備、治工具、製造方法、試験・検査方法等）によって、外注を含む全工程で少量の生産（パイロット生産）を行うものである。

したがって、オが正解。

1●経営戦略と製品企画

テキスト第1章第2節

問題5 解答

H27後

正解 イ

ポイント 経営戦略と製品企画についての理解を問う。

解説

ア．不適切。製品の直接原価には含まれないので、別途費用発生と回収について予算化する。

イ．適切。デザインインとは、「製品の企画・設計をする際に、研究・開発部門や製造及び外注購買部門と協議し、製品開発期間の短縮、製品原価の低減などを図る活動」である。

ウ．不適切。開発初期から開発部門・製造部門・販売部門の３つの部門の関わりが重要である。

エ．不適切。保守サービスの良し悪しが顧客の印象を決定づける場合が多い。

オ．不適切。生産財の市場戦略では、少なくとも営業拠点は顧客の拠点に対応させることが望ましい。

問題6 解答

H28後

正解 ウ

ポイント 経営戦略と製品企画についての理解を問う。

解説

ア．適切。製品評価因子分析は、製品本来の機能である「基本機能」と、操作性や嗜好性といった「付随性能」の２つの観点から製品を評価する項目を設定し、重要度に応じ各項目に重みづけを行う。

イ．適切。具体的な費用とは、市場調査に関わる費用、新製品開発に関わる費用、製造のための設備投資、新製品の販売に関わる費用等である。これらの費用は、製品の直接原価には含まれないので、費用発生とその回収について予算化し、実績管理することが必要である。

ウ．不適切。顧客満足度を確保するためには、トレードオフの関係にある製品の機能・品質・価格のバランスをとることがポイントとなる。

エ．適切。消費財は､不特定多数の消費者を顧客とする製品であることから、ターゲットとする顧客を明確にし、これに合わせた製品企画と市場戦略が必要である。

オ．適切。生産財は、企業が事業を行うために必要とする設備・機器であることから、信頼性が重視されるとともに、運用中の維持・保守も重要となる。

問題 7 解答

H29前

正　解　イ

ポイント　製品開発についての理解を問う。

解　説

製品戦略の目的は、顧客に価値を提供し競合企業に対して優位性を確保することで利益を確保することである。そのためには、製品の差別化が重要であるが、それは3つのレベルで捉えることができる。1つ目は、パソコンにおける処理速度などの特定機能における差別化。2つ目は革新的なデザインなど、同じ製品でも従来の機能軸とは異なる新しい価値を顧客に提供すること。3つ目は、全く異なった新しい分野の製品を開発することである。

したがって、A（1．価値提供)、B（5．優位性確保)、C（7．特定機能における差別化)、D（8．既存の製品分野における新しい価値の提供)、E（9．新しい分野における製品の開発）がそれぞれ入る。

●参考文献

・延岡健太郎「製品開発の知識」日本経済新聞社　2002

2●製品企画と分析

テキスト第1章第2節

問題8 解答

H27前

正　解　ウ

ポイント　SWOT分析の目的と内容についての理解を問う。

解　説

ア．不適切。選択と集中は、得意分野に特化し消耗戦を避ける差別化戦略の意味合いが強い。「脅威×強み」の領域といえる。

イ．不適切。市場環境の好転が見込める場合は事業維持に努める。

ウ．適切。SWOT分析は、外部の「機会」と内部の「強み」を混同する。これらは別々にしておく必要がある。

エ．不適切。数値目標はSWOT分析を行った後に設定する。

オ．不適切。「脅威×強み」の領域では差別化戦略をとる。

●参考文献

・「MBAマネジメントコース事業戦略」日本能率協会　2007

問題9 解答

H28後

正　解　オ

ポイント　SWOT分析とPPMについての理解を問う。

解　説

ア．適切。競争上優位となる外部要因を機会、内部要因を強みに分け、競争上　不利となる外部要因を脅威、内部要因を弱みに分ける。

イ．適切。ある要因が強みになるか、弱みになるかは、外部の環境によって変わることがあるため。

ウ．適切。重点的に資源を投入する分野、縮小や撤退を検討する分野などを明らかにする。

エ．適切。「金のなる木」で獲得したキャッシュを、次の主力事業である「花形」や「問題児」に投入する。

オ．不適切。相対的マーケットシェアは高いが、市場成長率は低い。

●参考文献

・産業能率大学SBCPテキスト「ストラテジー&イノベーション」2003

問題10 解答

H29後

正解 オ

ポイント PPMについての理解を問う。

解説

A：問題児。市場の成長率は高いが、シェアが低いので競争に勝って生き残るには相当な投資が必要である。撤退の決断が必要なときもある（b、d、f）。

B：花形。市場の成長率が高く、シェアも高いので収益率も高い。しかし、新規参入も多く競争が激しいので、研究開発や設備投資などの企業努力を怠ると問題児に転落するリスクがある（a、e）。

C：負け犬。収益性が低く、事業の将来性も見込めないので、撤退を検討する（f）。

D：金のなる木。市場の成長は頭打ちであるが、競争も落ち着いている。競争に勝ち生き残った事業で、収益率は高い。競争に勝つ対策よりも、市場の規模を維持する活動が重要になる（a、c）。

したがって、オが正解。

3●原価企画

テキスト第1章第2節

問題11 解答

H28前

正解 オ

ポイント 原価企画についての理解を問う。

解説

ア．適切。原価企画（Target Cost Management）は、製品企画段階から、当該製品の企画・開発・製造・販売といったビジネスプロセスに関与する多部門にわたる専門メンバーが一堂に会し、顧客が満足する価値（機能や品質）を損なうことなく、市場価格をベースに算出される目標原価の範囲内に製品原価（コスト）を収めることを追求する活動である。

イ．適切。目標原価は〔売価－目標利益〕で設定し、必要な利益を獲得するために原価をいくら以下にしなければならないかという観点で設定することが必要である。

ウ．適切。目標原価を製品別に設定し、さらに製品の機能別に細分化する。細分化された目標原価は、機能別の目標原価として割り付ける。割り付ける際には、顧客が要求する品質レベルや顧客が重視する機能を見極める必要がある。

エ．適切。従来、原価管理の活動は製造現場において行われるものが主たるものであったが、製品ライフサイクルの短命化、製造工程への自動機器・省力機器の導入といった環境変化により、製造段階において作業者の能率を上げて原価を低減する余地は小さくなってきている。

オ．不適切。目標原価より原価見積りの方が高い場合、さらなる原価低減活動を進める。

問題 12 解答

H28後

正 解　ア

ポイント　原価企画についての理解を問う。

解 説

ア．不適切。原価差異分析は、製造段階における原価管理である。

イ．適切。構造を単純化することで組立工程における作業工数の削減が可能になる。また、これまで必要であった部品が不要になったり、加工部品の精度を下げることが可能になる。

ウ．適切。目標原価そのものが不適切である場合もある。

エ．適切。VEの適用分野は、購入資材費の低減に始まって、製品全体のコスト低減にも大きな成果を上げている。現在は、製品ばかりではなく、組立作業や機械加工などの製造工程、梱包や運搬などの物流業務への適用も活発に進められている。

オ．適切。重要でない機能への配分額を減少させることで、全体としての原価が減少する。

●参考文献

・藤本隆宏「生産マネジメント入門Ⅱ」日本経済新聞社　2001

問題 13 解答

H29前

正 解　オ

ポイント　原価企画の考え方についての理解を問う。

解 説

ア．適切。原価企画を実際に行うためには、開発部門だけでなく、営業・生産・購買・経理等、全社的な協力が必須である。企業によっては、原価企画活動を統括・推進する原価企画室といった専門組織を設置している場合もある。

イ．適切。原価企画の出発点は、企業の中・長期の事業計画であり、トップダウン型の意思決定が必要条件となる。

ウ．適切。原価企画は、顧客が満足する製品の価値を損なうことなく、市場価格をベースに算出される目標原価の範囲内に製品原価を収めることを追求する活動であり、製品コンセプトと目標原価を同時に決める傾向が強くなっている。

エ．適切。製品ライフサイクルの短縮化や消費者ニーズの多様化などにより、製造段階での原価低減の余地が小さくなっているため、企画・設計段階での原価企画の重要性が増している。

オ．不適切。モデルチェンジで主要ターゲットが変わることもある。ターゲットが変われば製品コンセプトも変わる。製品コンセプトが変われば、配分比率は変わってくる。

●参考文献

・藤本隆宏「生産マネジメント入門Ⅱ」日本経済新聞社　2001

1●プロジェクトマネジメント

テキスト第1章第3節

問題14 解答

H29後

正解 エ

ポイント プロジェクトマネジメントについての理解を問う。

解説

ア．適切。プロジェクトマネジメントは、プロジェクトと呼ばれる大規模なシステム等を多くの部門が参画して構築する場合に適用する。プロジェクトマネジメントによって、プロジェクトの目標に向け多くの部門を管理・統制することにより、最小限の資源・コストで、所定の期限内に目標を達成することを目指している。

イ．適切。プロジェクト全体を細かい作業に階層的に分解していく手法である。

ウ．適切。プロジェクト品質マネジメントは、プロジェクトが満たすべき品質要求あるいは品質規格を確実に満足させるためのプロセスで、そのために品質計画、品質保証、品質管理を実施していくことである。また成果物自体だけでなくプロジェクトにおけるさまざまなプロセスも対象となる。

エ．不適切。スコープマネジメントとは、「プロジェクトの目標である最終成果物を完成させるために必要な作業が過不足なく確実に遂行されることを保証すること」である。

オ．適切。プロジェクト統合マネジメントでは、9つの管理領域である「知識エリア」を統合して管理する。プロジェクトのさまざまな要素を、調和のとれた形に統合するために必要なプロセスである。

問題15 解答

H29前

正解 イ

ポイント プロジェクトマネジメントについての理解を問う。

解説

ア．適切。立上プロセス群は、プロジェクトの存在を公式に許可し、プロジェクト活動に組織の資源を適用する権限をプロジェクトマネージャーに与えるための文書を作成するプロセスである。

イ．不適切。監視・コントロールプロセス群における、統合変更管理に関する内容である。プロジェクト統合マネジメントにおける計画プロセス群は、「すべての補助計画書を定義し、作成し、調整し、それらを包括的なプロジェクトマネジメント計画書へ統合するプロセス」である。

ウ．適切。実行プロセス群は、プロジェクト目標を達成するために、プロジェクトマネジメント計画書で定義された作業をリードし、遂行し、また承認済み変更を実施するプロセスである。

エ．適切。監視･コントロールプロセス群におけるプロジェクト作業の監視･コントロールは、プロジェクトマネジメント計画書に定義されたパフォーマンス目標を達成するため、進捗を追跡し、レビューし、かつ報告するプロセスである。

オ．適切。プロジェクトやフェーズを公式に終了するために、すべてのプロジェクトマネジメントプロセス群のすべての活動を完結するプロセスである。

2●ナレッジマネジメント

テキスト第1章第3節

問題16 解答

H28前

正 解　ウ

ポイント　ナレッジマネジメントについての理解を問う。

解 説

ア．不適切。暗黙知を形式知に変換して組織全体で共有していこうというものである。

イ．不適切。重複や無駄を持った組織の方が頻繁な対話とコミュニケーションが促進され、暗黙知の移転を助長する。

ウ．適切。SECIのプロセスは、知識は個人に依存するという西洋哲学的な視点から離れて、個人と組織は知識を通じて相互作用するという前提に立ち、組織メンバー各人が持つ知識（暗黙知と形式知）の絶え間ない交換と実践によって、知の再生産を促進するプロセス（スパイラル）を形成することを目標としている。

エ．不適切。内面化とは、新たに創造された知識を組織内に広め、新たな暗黙知として習得することである。設問文は結合化の意味。

オ．不適切。暗黙知を明示するには原理的に大きな困難が伴い、実際にほしい熟練した技能や知恵は掘り出せないことが多い。

●参考文献

・野中郁次郎ほか「知識創造企業」東洋経済新報社　1996

問題17 解答

H28後

正 解　ア

ポイント　ナレッジマネジメントについての理解を問う。

解　説

ア．適切。暗黙知は、特定の人間・場所・対象に特定・限定されることが多いため、これを形式知化する必要がある。

イ．不適切。アナログ的　→　デジタル的

ウ．不適切。暗黙知の例　→　形式知の例

エ．不適切。形式知の例　→　暗黙知の例

オ．不適切。形式知を習得する例　→　暗黙知を習得する例

●参考文献

・野中郁次郎ほか「経営戦略論」有斐閣　1996

問題18 解答

H29後

正　解　イ

ポイント　ナレッジマネジメントにより期待される効果及び具体的手法についての理解を問う。

解　説

ア．不適切。個人の能力の育成も期待できる。

イ．適切。可視化は、グラフや図が一般的であるが、ナレッジマネジメントではCG（Computer Graphics）を利用した３次元動画像を使って表現するケースも多い。

ウ．不適切。データウェアハウスは、ビジネス上の意思決定を支援するという発想で生まれたもので、一般に時系列に整理された大量の統合業務データ、もしくはその管理システムを指す。問題は、OLAPツールに関する説明である。

エ．不適切。データウェアハウスに関する説明である。データマイニングツールは、統計解析機能などを持ち、膨大なデータから方向性や法則性を発見する。

オ．不適切。情報提供の敷居を高くすると情報が集まらない。幅広く情報を集め、それを活用可能な情報に整理することが重要である。

●参考文献
・「JMAマネジメントレビュー」2001年4月号・5月号 日本能率協会コンサルティング
・「デジタル大辞典」日経BP社

1●設計管理の目的

テキスト第2章第1節

問題 19 解答

H28後

正 解 オ

ポイント 上流段階での作り込みの重要性についての理解を問う。

解 説

ア．適切。製造段階での作り込みには時間がかかるため、製品ライフサイクルが短縮化するほど効果には限界がある。

イ．適切。構想設計段階では製品企画部門や販売部門との関わりが必要である。

ウ．適切。作業のしやすさに関する検討が不十分だと、計画以上に工数が発生する。

エ．適切。詳細設計段階では、資材部門、製造部門、検査部門との関わりが必要である。

オ．不適切。実際に大半の原価が発生するのは下流である資材調達、製造段階である。

しかし、資材調達、製造段階でどの程度の原価が発生するかは、上流である開発・設計段階で８割程度決定されるので、上流段階での作り込みが甘いと下流で過剰な原価が発生することになる。

2●設計管理の流れ

テキスト第2章第1節

問題20 解答

H29前

正　解　エ

ポイント　設計管理における各プロセスの内容についての理解を問う。

解　説

ア．不適切。①要求仕様、②目標原価、③量産開始時期の３点が明確になっていなければならない。

イ．不適切。実態設計の説明である。概念設計では、要求仕様を基に、機能構造に分解し、個々の機能解析及びこれらを組み合わせた製品全体の機能解析を行い、要求仕様を満たす機能構造を構築する

ウ．不適切。前半は概念設計、製品全体の目標原価を設定するのは製品企画で実施するものである。

エ．適切。詳細設計段階に入ると、製品製造の準備を並行して進める必要がある。近年においては、製品企画から量産開始までの期間を短縮し、早期に製品を市場投入することが重要となっている。詳細設計が完了してから製品製造の準備を始めるのでは、市場投入まで時間がかかるためである。

オ．不適切。詳細設計では、計画を立てる際に一定の余裕を盛り込み、１つの工程での遅れが全体へ影響を及ぼさないようにする配慮が必要である。

3●DR（デザインレビュー）

テキスト第2章第1節

問題21 解答

H28後

正解 ア

ポイント DR（デザインレビュー）の意義と目的についての理解を問う。

解説

ア．不適切。運用・保守までのプロセスを含むため。

イ．適切。異なる知識を持つ設計者間でのノウハウの周知化や、成果物の属人性を排除することが可能となる。

ウ．適切。DRにおいては、出席する人（レビューア）により、レビュー自体の品質が左右される。効果的なレビューとするためには、十分な経験や見識を持つレビューアを確保することが必要になる。

エ．適切。文書化された成果物を、客観的に関係部門の複数の人がさまざまな視点でレビューすることにより、より上流で品質を確保することにある。一般的に、欠陥は下流で発見されるほど、手直しに手間がかかるといわれており、特に大規模かつ複雑なシステムにおいては、上流段階の早い時期に問題を発見し対処することが重要である。

オ．適切。DRを行うことにより、設計内容やレビューでの指摘事項・注意点をレビュー参加者が共有化することができる。

●参考文献

・TKK工場改善研究会編「トータル工場改善実務マニュアル」日本能率協会マネジメントセンター　2001

問題22 解答

H29前

正解 エ

ポイント DR、QR、CRの目的と相互の関係についての理解を問う。

解　説

QRのQは品質、CRのCはコストのこと。QRでは品質を早期に作り込み、CRでは原価の達成状況を審査する。

これを受けてDRではQCDの総合審査を行い、各ステップでの作り込み状況を総合的に審査する。

Ⅰ：2．幅広い技術分野の専門家による審査と品質の早期作り込み

Ⅱ：3．源流からの目標原価とその達成状況の審査

Ⅲ：6．QCDの総合審査

Ⅳ：8．各ステップでの作り込み状況の総合審査、がそれぞれ入る。

したがって、エが正解。

4●DRとドキュメント

テキスト第2章第1節

問題23 解答

H27後

正 解 エ

ポイント DRとドキュメントの関係や意義についての理解を問う。

解 説

ア．不適切。新製品の開発競争が激しい現在であるからこそ、各種情報について多面的に評価するとともに、自社技術の得意分野、弱い分野についても評価する必要がある。

イ．不適切。過去の経験や失敗を参考に分析することは、再発防止につながる。また多くの関係者の知識・経験を集積し、分析・評価を行うことは、効果的な再発防止と予防処置にもつながる。

ウ．不適切。DRを実施した後の結果の記録は、当該製品のための記録にとどめず、期待した成果、次期に向けた課題も明確にして残すことで、次期の新製品の効率的な開発・設計に役立つ。

エ．適切。DRでの評価対象を各段階ごとに分けて実施することは、もれや抜けの防止になり、かつ、その評価記録を関係部門に配布して、DR時のアクションアイテムの実施徹底を図ることは重要である。

オ．不適切。設計仕様書が完了した後、部品・材料の手配を実施し、部品・材料の適切性確認が必要であること、部品・材料の内・外製の検討も必要である。よって、設計仕様書が完了した時点で直ちに製造仕様書を作成することは無理があり、早期立ち上げに結び付かない。

問題24 解答

H29後

正 解 エ

ポイント DR（Design Review）とドキュメントについての理解を問う。

解　説

ア．不適切。市場調査、他社の商品比較調査、市場の顧客の明示的・暗黙的ニーズの明確化、セールスポイント、商品コンセプトの明確化等。商品企画段階では、販売面からの要求仕様書が作成される。

イ．不適切。製品としてのねらいの品質が明確化され、原価企画書、開発計画等が作成される。

ウ．不適切。概念設計と実体設計を行う、この２面の活動は「構想設計段階」で、設計仕様書等が作成される。

エ．適切。詳細設計段階では、手戻りがほとんどない状態にすることが重要である。この段階での手戻りは、販売計画をはじめ、各所に多大な悪影響を及ぼす。製造仕様書、部品構成表、製品仕様書、購入仕様書、外注仕様書等のドキュメントが作成される。順次、初期流動化のための生産準備もスタートし、生産設備・治具工具仕様も決まり手配が並行してスタートされる。

オ．不適切。生産準備段階では、各視点での妥当性確認が行われる。ドキュメントは試験仕様書、保守仕様書等が作成される。

●参考文献

・延岡健太郎「製品開発の知識」日本経済新聞社　2002

5●コンカレントエンジニアリング

テキスト第2章第1節

問題25 解答

H28前

正　解　オ

ポイント　フロントローディング、設計作業の同時並行化についての理解を問う。

解　説

1．不適切。『Y』の設計期間は『X』よりも大幅に長いことから、設計作業はシーケンシャルに行われたと考えられるので、設計期間が長くなった。
2．適切。『X』ではCADデータが一元管理されたことで、早い段階からNCプログラムや治工具設計が可能になり、製造設計や治工具設計が同時並行的に行われた。その結果、大型機にもかかわらず、『Y』よりも設計期間が短縮された。
3．不適切。『X』は『Y』よりも設計・出図と製造・組立の同時並行期間が短いが、その理由はシーケンシャルに行ったのではなく、図面の精度を早い段階で高めて後工程での修正を大幅に減少させることに主眼を置いたためと考えられる。『Y』より『X』の設計・出図、製造・組立の期間が長いのは、機体が1.5倍の大型機であることによると考えられる。1.5倍の大きさであるにもかかわらず、開発期間は短く留まっている。
4．不適切。『Y』では製造が開始された以降も設計作業が続けられており、製造現場の混乱が大きかったと見てとれる。
5．適切。『X』は、部品点数も多く、機体も1.5倍の大きさであるにもかかわらず、組立・製造期間は短い期間で済んでいる。

したがって、オが正解。

問題 26 解答

H28後

正解 エ

ポイント コンカレント・エンジニアリングについての理解を問う。

解説

ア．適切。フロントローディングとは、下流段階での変更対応を最小限とするため、上流段階で十分な検討・検証を行うことをいう。具体的には、設計の上流段階での仕様検討範囲の拡大、コンピュータシミュレーションの実施、実機・試作機による仕様検証あるいは設計検証の実施と、問題が発生した場合の上流段階へのフィードバックにより行われる。

イ．適切。例えば意匠デザインと構造解析、強度計算などを同時並行で作業することなどが例に挙げられる。

ウ．適切。コンカレント・エンジニアリングの構造を説明している。広義には、企画・開発から販売・廃棄に至る製品ライフサイクルの全フェイズに関連する部門が、製品の企画や開発、設計段階に参加・協働することをいう。

エ．不適切。その作業は現在では、ほとんどがネットワーク上で行われることから、バーチャル・エンジニアリングとも呼ばれる。

オ．適切。上記解説アのとおり。

1●設計管理と分析

キスト第2章第2節

問題27 解答

H29前

正　解　エ

ポイント　設計管理の目的と各種手法との関係についての理解を問う。

解　説

ア．不適切。CS分析に関する説明である。

イ．不適切。開発・設計段階でのQCDの作り込みが製品全体のQCDに大きく影響するので、コスト、リードタイムも重要な管理事項である。

ウ．不適切。QFDに関する説明である。PERTは、大規模なネットワーク型のプロジェクトを計画・管理するための手法で、主に日程計画に使用される。

エ．適切。タグチメソッドは開発・設計段階で適用され、製品が市場に出たときのことを考慮した予測手法という点が従来の品質管理との違いである。モノを作るのは製造部門の仕事と考えられているが、タグチメソッドでは開発・設計段階でバラツキのないものを作ることを主張している。

オ．不適切。TRIZ（発明的問題解決理論）に関する説明である。

問題28 解答

H28後

正　解　イ

ポイント　QFD（品質機能展開）についての理解を問う。

解　説

Ⅰ．要求品質展開表：⑤要求品質を具体的にラベルに書き出し、親和図法などによってグルーピングして展開表の形に整理したもの。

Ⅱ．品質特性展開表：②要求品質を実現しているかどうかを測る代用特性を各要求品質から抽出し、グルーピングして展開表にまとめたもの。

Ⅲ．品質表：④市場から技術に転換する表といわれ、要求品質と品質要素の対応の強さを◎、○、△の記号を用いて示したもの。

Ⅳ．企画品質：③要求品質に対する市場の要求の強さ、競合他社の充足度を調査したうえで設定するもの。

Ⅴ．設計品質：①品質要素の重要度が明らかになった後、重要品質要素を具体化して設定するもの。

したがって、イが正解。。

問題 29 解答

H29前

正　解　イ

ポイント　QFD（Quality Function Deployment）についての基礎知識を問う。

解　説

ア．不適切。顧客の要求を親和図法などを用いてグループ化したものを展開表の形に整理したのが要求品質展開表である。

イ．適切。この要求品質展開表によって市場の要求が一覧表として整理されるため、顧客が何を求めているかが明らかになる。

ウ．不適切。自社の保有している技術では実現できない、又は評価できないことになり、至急検討を要する項目である。

エ．不適切。設計品質に関する説明である。

オ．不適切。企画品質に関する説明である。

●参考文献

・神田範明「ヒットを生む商品企画７つ道具」日科技連出版社

問題 30 解答

H29後

正　解　オ

ポイント　品質表の内容や意義についての理解を問う。

解　説

ア．適切。要求品質は、できるだけ具体的にラベルに書き出す。これらのラベルを親和図法などによってグルーピングし、展開表の形に整理してできあがったものが「要求品質展開表」である。

イ．適切。常に全体のどの部分を検討しているのか、それは全体にどのような影響を及ぼすのかを考えておく必要がある。

ウ．適切。狭義の品質機能展開は、品質を保証するために行われる業務を明確にするものである。

エ．適切。顧客の要求を細分化していくと、製品の品質面に対する要求以外に、機能追加を要求する機能要求や価格に関する要求、納期に関する要求などに分解できる。

オ．不適切。顧客の声を収集する作業は顧客個人の暗黙知を調査者個人の暗黙知に変換する。要求品質に変換する作業は、調査者個人の暗黙知を形式知として表出化する作業である。

●参考文献

・大藤正「QFD（品質機能展開）の概説」日経メカニカルTRIZ ON LINE　2000

2●価値工学（VE）

テキスト第2章第2節

問題31 解答

H28前

正解 エ

ポイント VE実施手順であるジョブプランについての理解を問う。

解説

機能定義は、2．機能の目的を明らかにすること、4．機能の相関関係を明らかにすること、7．機能の種類を分類整理することなどである。

機能評価は、1．対象の機能と同じ働きをする最も安い代替品を探し、機能の値打ちを明らかにすること、3．機能を実現するためのコストを明らかにすること、5．機能の価値を求めることなどである。

なお、ブレーンストーミングはアイデアの発想に用いる手法である。

したがって、エが正解。

●参考文献

・VE普及委員会監修「VE基本テキスト」日本VE協会　1997

問題32 解答

H29前

正解 オ

ポイント VEの目的と、実行していく際の留意点についての理解を問う。

解説

ア．不適切。QCは品質の安定（バラツキを減らすこと）と品質の向上（品質を高めること）の2つを主たる目的としているのに対し、VEは機能を高め、コストを低減することによって価値を高めることを目的としている。

イ．不適切。手順に誤りがある。VEの実施手順は、「①VE対象の機能定義」→「②機能評価」→「③代替案の作成」の順となる。

ウ．不適切。改善の可能性から見た場合のテーマである。改善の効果から見た場合のテーマとしては、コスト低減効果が期待できるもの、品質向上が期待できるもの等が挙げられる。

エ．不適切。機能は最上位機能、基本機能、補助機能に分類整理されるが、顧客満足の達成度合いに応じて分類するものではない。

オ．適切。「機能評価」のステップの留意点として適切である。

●参考文献

・VE普及開発委員会監修「VE活動入門」日本VE協会　1997

問題33 解答

H29後

正　解　イ

ポイント　VEの目的と、実行していく際の留意点についての理解を問う。

解　説

ア．不適切。最上位機能、基本機能、補助機能に分類する。

イ．適切。VEにおける価値は、使用価値と貴重価値があり、その大きさは顧客の立場で判断される。

ウ．不適切。その他に、保守サービスのコスト、廃棄コストなど、ライフサイクルのあらゆる場面で発生するコストを指している。

エ．不適切。機能は名詞と動詞の２語で表現し、名詞はできる限り測定可能な用語を使用し、動詞はアイデアが出やすいように普遍的な用語を選ぶ。

オ．不適切。機能を金額で見積もってコストで表す方法の他に、相対的に、顧客の重要度、物理的な重要度で、重みづけして数値化する方法がある。機能の大幅な向上とコストアップによる価値の向上もある。

●参考文献

・VE普及委員会監修「VE基本テキスト」日本VE協会　1997

G●設計管理 ＞ 2●最適設計のための設計管理

3●信頼性・保全性設計

テキスト第2章第2節

問題 34 解答

H27後

正解 イ

ポイント 信頼性・保全性設計の内容についての理解を問う。

解説

1．システムに障害が発生しても、代替機能を果たすシステムを配置することでシステムとしての機能を維持する：冗長設計

2．誤操作、誤動作が起きた場合、常に安全側に制御するように設計する：フェールセーフ設計

3．最も立場の弱いユーザーが最悪の状態で機器や装置を操作してもエラーや事故を起こさない設計：フールプルーフ設計

ブレーキを踏んだままであれば、シフトレバーを後退（R）やドライブ（D）に動かしても、突然車が動き出すことがないので安全である。

4．信頼性を保つための点検・保守を考慮した（修理・メンテナンスが容易）設計：保全性設計

したがって、イが正解。

●参考文献

・日本経営工学会編「生産管理用語辞典」日本規格協会　2002

問題 35 解答

H28前

正解 ア

ポイント 信頼性・保全性設計の内容についての理解を問う。

解説

ア．適切。故障分離機能を実現するためには、故障が生じた部分を物理的、

あるいは論理的に隔離する必要があり、システムが階層的に構成されている場合には、故障が生じた部分をマスクしてほかに波及させないようにする。

故障した部分が自動的にシステムから離脱できるようにすれば、故障分離機能も分散化した冗長設計となる。

イ．不適切。フェールセーフ設計の説明である。

ウ．不適切。フールプルーフ設計である。

エ．不適切。信頼性設計は信頼性を高める役割、保全性設計は信頼性を保つ役割があり、相互補完の関係にある。

オ．不適切。フールプルーフ設計の説明である。

●参考文献

・日本経営工学会編「生産管理用語辞典」日本規格協会　2002

問題 36 解答

H28後

正　解　ア

ポイント　信頼性設計・保全性設計についての理解を問う。

解　説

ア．適切。フェールセーフ設計である。何らかのトラブルにより電気の供給がストップして遮断機が動作しなくなった場合、遮断機が下りた状態になり事故を防止する。

イ．不適切。冗長設計である。故障時に別系統が代替機能を果たす。

ウ．不適切。フールプルーフ設計である。一般家庭でも使用される電子レンジは、その原理や正しい使い方を知らない人が誤った使い方ができないように安全を確保している。

エ．不適切。自己診断機能である。

オ．不適切。フェールセーフ設計とは、装置あるいはシステムにおいて、誤操作・誤動作により障害が発生した場合、常に安全側に制御するように設計する信頼性設計の１つである。本設問は、この内容にあたらない。

●参考文献

・日本経営工学会編「生産管理用語辞典」日本規格協会　2002

4●資材の有効活用

テキスト第2章第2節

問題37 解答

H28後

正解　エ

ポイント　資材標準化のメリットについての理解を問う。

解説

ア．適切。部品が共通化・標準化されることにより、多様な製品のコスト削減に寄与するだけでなく、部品の在庫管理においても好影響を与える。

イ．適切。部品の共通化により種類が減ると、在庫品種が減り、補充点管理を行っている場合には、全体としての安全在庫を減らす効果がある。

ウ．適切。資材の標準化により、製品のシリーズ化が可能になり、調達期間の短縮につなげることができる。

エ．不適切。資材標準化を進めると、顧客ニーズの変化（多様化の方向や個性化を求める）に対応しにくくなる

オ．適切。資材の標準化により作業方法が標準化され、作業の容易化につながる。また、機械設備の準備段取作業の減少により、稼働率向上に結び付けることができる。

●参考文献

・日本経営工学会編「生産管理用語辞典」日本規格協会　2002

問題38 解答

H29後

正解　エ

ポイント　リユースやリサイクルを考慮した設計についての理解を問う。

解説

ア．適切。リサイクルを考慮した設計に該当する。

イ．適切。分解しやすくなるため、リユースやリサイクルを考慮した設計に

該当する。

ウ．適切。リユースを考慮した設計に該当する。

エ．不適切。リユースやリサイクルを考慮した設計とはいえないので、不適切である。リデュースを考慮した設計に該当する。

オ．適切。リユースを考慮した設計に該当する。

●参考文献

・富士ゼロックスウェブサイト「リユース／リサイクル設計」

・産業環境管理協会 資源・リサイクル促進センターウェブサイト「環境配慮設計・製品アセスメント」

5●設計・試作と管理情報

テキスト第2章第2節

問題39 解答

H28前

正解 エ

ポイント 設計情報管理の意義及び基本となる効果的な方法についての理解を問う。

解説

ア．適切。このほかに、設計部門、試作部門、検証・評価部門との連携ができ、試作における不具合を設計に戻すタイミングも早めることができる。

イ．適切。図面の版管理や製品の構成管理を適切に行い情報の共有化を強化することは、設計・試作・量産の効率化につながるとともに、過去の設計や量産時での失敗の再発防止、さらには設計者の力量向上にもなる。

ウ．適切。複雑な製品の設計・開発においては、2D－CADの活用で、量産プロセスでの設計上の不適合の防止や削減には限界がある。設計・開発の段階で周到な検証を行うには、3D－CAD及びCAE等のIT技術等の活用が必要不可欠なツールとなっている。

エ．不適切。設計期間を短縮するうえでは、シーケンシャルエンジニアリングは不適切で、コンカレントエンジニアリングの適用が良い。

オ．適切。コンカレントエンジニアリングの適用、最新IT機器の導入によるネットワーク上で設計データの共有化等は、製品品質の向上のみならず、生産期間の短縮に役立つ。

問題40 解答

H28後

正解 オ

ポイント 開発・設計段階での初期情報を有効に活用できる体制が整っていない場合に生じる問題についての理解を問う。

解　説

ア．適切。設計部門、試作部門、検証・評価部門、製造部門との連携がとれると、試作機製作以前に検証や製造のしやすさの評価が可能となる。

イ．適切。技術情報の共有化により、設計から量産までの期間が短縮され、それに伴うコストが削減される。

ウ．適切。設計情報の設計者間での情報共有により、他の設計者の設計変更情報が伝わり、製品内での干渉が防止できる。

エ．適切。製造段階での製造しやすさが設計段階で反映できることにより、手戻りを減らすことができる。

オ．不適切。「開発・設計段階での初期情報を有効に活用できる体制が整っていない場合」とは、設計などの上流工程と製造などの下流工程において、３次元CADデータなどを共有できていない状態を指している。「顧客ニーズに合致した機能・品質の製品を企画し、開発することができない」という問題は、顧客ニーズを的確に把握できていないことや、顧客ニーズに応える機能・品質を保有技術の不足などから製品化できないといった問題である。よって、上流工程と下流工程の情報共有とは直接の関連がないため、不適切な選択肢となる。

問題 41 解答

H29前

正　解　イ

ポイント　設計データの共有についての理解を問う。

解　説

ア．適切。問題40のイの解説と同様である。

イ．不適切。市場調査により、顧客の「生の声」を聴くことで、顧客ニーズを把握することができる。顧客ニーズを把握することと、３次元CADデータの共有化による効果は無関係であるため、本選択肢は不適切である。

ウ．適切。問題40のアの解説と同様である。

エ．適切。製造における量産体制に入る前に、情報を製造部門が把握できるため、準備活動を早めることができる。

オ．適切。問題40のウの解説と同様である。

1●生産財ビジネスと生産形態

テキスト第２章第３節

問題42 解答

H29後

正 解 イ

ポイント 事業の運営に際し、個別受注生産型メーカーが注意すべきポイントについての理解を問う。

解 説

ア．適切。多くの場合、営業は受注・販売に注力しなければならず、情報収集はなおざりにされる傾向がある。また、そもそもどのような情報をどのように収集するかも明確でなく、マーケットニーズを把握するための体制を構築していない場合も多い。

イ．不適切。個別受注生産における事業の運営では、製品のカスタマイズ性が高いので、製品組立において組立ロボットを使用することは、組立動作の教示や調整に時間がかかり、一品生産のような個別受注型では必ずしも生産性が向上するとはいえない。組立ロボットによる生産性向上が期待できるのは、繰返しが多い量産型の生産工程である。よってこの選択肢は不適切である。

ウ．適切。多くの生産財企業、特に受注生産型製造業においては、営業と開発・設計との業務連携の悪さに問題がある場合が多く、この部分の機能連携強化が重要である。

エ．適切。受注生産の場合、顧客ニーズに過剰に適応してしまうことが多く、自らの製品や技術のベースとオプション部分が減り、カスタマイズ部分が増えることにより、採算が悪化するケースが多い。

オ．適切。標準リードタイムのデータが整備されていないことで、納期遅れが発生する場合がある。

問題 43 解答

H28前

正解 エ

ポイント 消費財と比べた生産財ビジネスの特殊性についての理解を問う。

解説

ア．適切。このようなメーカーは、受注生産的な要素が強く、直販体制をとっていることが多い。受注生産的な要素が強くなると、個別顧客の要求にとらわれがちとなる。

イ．適切。顧客の評価基準の閉鎖性と多様性の影響を受ける。

ウ．適切。顧客ニーズの標準化が困難である。

エ．不適切。生産財のマーケット情報は営業担当者以外が収集することは困難である。

オ．適切。営業担当者はこの個別顧客の要求に応えることこそが、顧客満足の達成につながると考えがちで、開発も製造もこの意見になかなか異を唱えることができない傾向がある。

2●生産財設計の留意点

テキスト第2章第3節

問題 44 解答

H29前

正解 エ

ポイント 製造設備を設計するにあたっての考慮すべき点についての理解を問う。

解説

ア．適切。「自働化」とは、生産ラインや機械で不良品や異常が発生した時点で、品質保証のために、それら生産ラインや機械の自動運転を止める仕組みである。

イ．適切。保守・点検・修理のしやすい構造とすることが重要である。日常点検が必要な部分が表示され、点検しやすい位置にあることで日常点検が容易となる。また保守においては、保守部分を簡単に取り外せる構造とすることで、保守作業が容易となる。

ウ．適切。一般に、設備の性能とコストはトレードオフの関係にあるため、バランスの見極めは重要な要因である。

エ．不適切。有効作業時間を総実働時間で割ったものが稼働率であり、高速・高機能な設備の設計とは関係がない。高速化や高機能化に着目して設備を設計することで、生産のスピードを上げたり、精度の高い加工をしたりすることができるが、稼働率を高めることにはつながらない。また、故障率を下げることで設備の稼働率を高めることができるが、高速・高機能を重視して設備を設計することは、故障率を下げることにはつながらない。むしろ高速・高機能を追求することは、故障率を上げる要因になりうるので注意が必要である。

オ．適切。事業環境の変動は増大しており、特に急な増産体制が必要になることも多い。このような場合にすぐに対応できる構造としておくことが重要である。

1●工程設計・作業設計

テキスト第2章第4節

問題 45 解答

H28後

正 解　オ

ポイント　作業設計の有用な指針となる動作経済の原則についての理解を問う。

解 説

ギルブレス（F. B. Gilbreth）とバーンズ（R. M. Berns）によって体系化された動作経済の原則では、①身体の使用に関する原則、②作業域に関する原則、③工具や設備の設計に関する原則が示されている。

ア．適切。作業域に関する原則。

イ．適切。工具や設備の設計に関する原則。

ウ．適切。身体の使用に関する原則。

エ．適切。作業域に関する原則。

オ．不適切。できるだけ注意力を必要とせず、動作を無意識に行えるようにすることが望ましい。

問題 46 解答

H29後

正 解　オ

ポイント　動作経済の原則についての理解を問う。

解 説

動作経済の原則では、①身体の使用に関する原則、②作業域に関する原則、③工具や設備の設計に関する原則が示されている。以下にその詳細を示す。

1．身体の使用に関する原則

・両手の動作は同時に始め、同時に終わるべきである（b群3）

・両腕の動作は、反対方向に対称に同時に行うこと

・運動量（惰性、はずみ）をできるだけ利用すること（b群5）
・急な方向転換を含む直線的動作より、なめらかな連続動作が望ましい
・弾道型の自然な運動のほうが、制約された運動より早く楽で正確である
・できるだけ楽で自然なリズムで仕事ができるよう設定する

2．作業域に関する原則
・工具や材料はすべて定位置に置くこと（b群2）
・工具、材料、制御装置は、作業点に近づけて置くこと
・材料を作業点に送るには、重力を利用した供給を行うこと
・材料、工具は、最良の動作順序が実現するように配置すること
・照明を適切な状態に整えること（b群6）
・作業者が正しい姿勢をとれるような形および高さのいす、机を備えること

3．工具や設備の設計に関する原則
・治具、取付具または足踏み装置の活用によって、両手をより有効な仕事に振り向けること（b群4）
・工具はできるだけ組み合わせること
・工具や材料はできるだけ前置きしておくこと（b群1）
・身体の位置を変えずに、かつ機械の効率を損なわずに操作できるよう、レバー等の位置を選ぶこと

したがって、オが正解。

2●コンピュータの活用

テキスト第2章第4節

問題 47 解答

H28前

正 解 エ

ポイント CAMのそれぞれの特徴、内容についての理解を問う。

解 説

CAM型の内容を以下に示す。

○2D CAM（b群2）

平面的な輪郭加工及び穴あけ加工のための2軸同時移動データを出力する。加工機側で工具径補正が可能なため、プログラムの汎用性に優れ、輪郭の直線と円弧をそのまま使用するので、精度が高い加工が可能であり、機械部品加工などに多用されている。形状データはCADからの2次元図面データを使用する。

○3D CAM（b群3）

自由曲面を含む加工のための3軸以上の同時移動データを出力する。CADで定義可能な形状をすべて扱えるため、デザイン性の高い製品に多用されるが、工具定義をCAM側で行うため、プログラムは定義した工具専用となり汎用性は低く、また、形状を直線近似で加工するため、精度が低下する場合が多い。形状データはCADからの3次元データを使用する。一般に2Dと2.5Dの機能を含んでいるが、3D専用のものもある。

○フィーチャ型（b群1）

形状の幾何情報と意図情報を併せ持ち、加工方法や加工条件の決定に利用するもので、主に穴あけ加工を含む2D加工を中心に、複雑な工程を必要とする部品加工などに用いられている。

○サーフェイス型（b群4）

3D加工用の形状を曲面として保持しているもので、曲面からの計算誤差のみを考慮すればよいので、加工精度を上げやすい反面、計算速度が遅くなる。

したがって、エが正解。

問題 48 解答

H29前

正 解 イ

ポイント CAD、CAM、CAEの内容の理解を問う。

解 説

ア．不適切。「CAE」ではなく、「３次元CAD」に関する記述である。

イ．適切。コンピュータ上のデータを下流の生産工程で有効活用するためにCAM（Computer Aided Manufacturing）、CAT（Computer Aided Testing）など、逆に上流で強度や振動などを解析するためにCAE（Computer Aided Engineering）などの技術が開発され、これらを生産管理システム等の管理システムと統合してCIMS（Computer Integrated Manufacturing System＝コンピュータ総合支援システム）という概念に発展した。

ウ．不適切。「３次元CAD」ではなく、「３次元CAM」に関する記述である。

エ．不適切。「CAE」ではなく、「CAM」に関する記述である。

オ．不適切。「CAM」ではなく、「CAD」に関する記述である。

G●設計管理 ＞ 5●知的財産権

1●知的財産権とその内容

テキスト第２章第５節

問題49 解答

H28前

正解　イ

ポイント　知的財産権の内容や種類などについての理解を問う。

解説

ア．不適切。産業財産権として、特許権、実用新案権、意匠権、商標権が挙げられる。

イ．適切。「営業秘密」とは、企業等が秘密として管理している営業上又は技術上の情報をいい、わが国では不正競争防止法によって保護されている。ただし、この保護は「権利」としてではなく、「保護法益」、「保護に値する知的財産」として位置づけられている。

ウ．不適切。金銭・土地・商品といった経済的な価値がある有体物は、一般に「財産」と呼ばれる。

エ．不適切。特許権の存続期間は、特許の出願日から20年間である。

オ．不適切。商標の３大機能として、①出所表示機能、②品質保証機能、③広告的機能が挙げられる。

問題50 解答

H28後

正解　オ

ポイント　知的財産権についての基礎知識を問う。

解説

ア．適切。ただし、特許の登録や維持のために費用が発生する。

イ．適切。開発した技術を世の中に開示するか、又は秘密として保持するかは、基本的に開発者・発明者の自由であるが、特許制度は、開発者・発明者に技術を公開してもらい、その代償として一定期間の独占権を付与する制度である。

ウ．適切。独占権の付与により、発明者は安心して発明を世の中に開示し、開示された技術を積み重ねることによって世の中の技術水準を向上させ、産業の発達に寄与するのが特許制度の本質である。

エ．適切。知的財産権は、次のように分類することができる。

○産業財産権（工業所有権）——特許権、実用新案権、意匠権、商標権

○産業財産権以外の知的財産権——著作権、半導体回路配置利用権、育成者権

○その他——不正競争防止法が保護する営業秘密、周知・著名商標、商品形態等

オ．不適切。

○「特許権」（特許法）——保護期間は出願の日から20年。発明の「高度性」が要求され、発明を保護する。

○「実用新案権」（実用新案法）——保護期間は出願の日から10年。発明の「高度性」を要求されない。物品の形状などに関わる考案を保護する。

●参考文献

・特許庁ウェブサイト「特許法等の一部を改正する法律の概要」

ビジネス・キャリア®検定試験過去問題集 解説付き

BUSINESS CAREER

生産管理プランニング 2級

● 生産システム・生産計画
（加工型・組立型／プロセス型）

生産管理プランニング 2級

● 生産システム・生産計画
（加工型・組立型／プロセス型）

ビジネス・キャリア®検定試験
過去問題編

1●設計システム

テキスト第1章第1節

問題 1

H29前

設計システム及び設計管理システムにおける、「基本設計」に関する記述として適切なものは、次のうちどれか。

ア．設計部門の効率化を図るために、設計部門の業務を体系的に整理して、組織化、制度化して管理することが必要である。
イ．製品に要求される性能を発揮するために必要な機能と、それぞれの機能間の関連性を決定して、必要な機能を実現する構造を規定する機能設計の活動を含んでいる。
ウ．製品を製造する際の各工程での作業性、それぞれの部品を組み立てるときの組立性や容易性、環境に対する安全性や分解性、そして原価をできるだけ引き下げる技術対策を必要とする経済性などについても考慮する必要がある。
エ．製品のイメージについて、形や機能（働き）をスケッチなどで描きながら固めていく段階で、最もクリエイティブな設計段階といえる。
オ．製品を構成する個々の部品の詳細な形状や細部の寸法を決定し、材質や公差などの精度情報も付加して、部品単位の設計を行う。

解答●p.172

問題 2

H28前

以下に示す製造システムに関する＜説明＞と＜用語＞の組合せとして正しいものは、次のうちどれか。

＜説明＞
1．工場・工程・製品の設計システムと、生産管理システム

2．生産設備のプラントレイアウト
3．購買―加工―組立―流通―販売というモノの流れ
4．人、機械・設備、資材、さらに生産情報など

＜用語＞
A．製造活動を実現するための生産資源
B．生産システムの機能的意義
C．製品を生み出すバリューチェーン
D．生産システムの構造的意義
E．生産システムの手続的意義

ア．	1：E	2：C	3：D	4：B
イ．	1：A	2：B	3：C	4：E
ウ．	1：C	2：A	3：E	4：D
エ．	1：E	2：D	3：B	4：A
オ．	1：D	2：C	3：A	4：E

解答● p.172

1●基本システム

テキスト第1章第2節

問題 3

H29後

以下に示す生産管理についての管理方式の＜事例＞と最も関連のある用語は、次のうちどれか。なお、MRPは、Material Requirements Planningである。

＜事例＞
継続生産の場合は、同一製品を生産するので、現場にある現品が日程的に進んでいるか、遅れているかが明らかでない場合が多い。これに対処するためには、1カ月又は1年を通じて製造番号を付して、累計製造番号で表示すると便利である。この累計製造番号に対応して、工程ごとに着手、完成時期を示し、進捗管理や現品管理を行う。

ア．追番管理方式
イ．常備品管理方式
ウ．流動数管理方式
エ．製番管理方式
オ．MRP

解答●p.174

3●MRP（資材所要量計画）システム

テキスト第1章第2節

問題 4

H28後

MRP（Material Requirements Planning）に関する記述として適切なものは、次のうちどれか。

ア．MRPⅡでは、基準生産計画機能の上位計画である総合生産計画や、販売計画と連携する機能が含まれている。

イ．MRPの生産スケジュールでは、連続した時間の流れを、適当な小区間に区切り、この小区間単位ですべての生産活動を計画・統制することをタイムバケットという。

ウ．共用部品に対する生産計画について、共用部品でも特に部品構成表のなかで異なるレベルの部品として使用される場合には、上位の階層レベルに合わせて生産計画を行う必要がある。

エ．従属需要品目とは、その品目の需要がほかの品目の需要との間で直接的に関係がみられない品目をいう。

オ．MRPは、計画を中心としたプル生産方式の代表的な生産管理システムといえる。

解答●p.175

2●生産統制

テキスト第1章第3節

問題 5

H29前

以下に示す生産統制に関する＜説明＞と管理業務の＜語群＞の組合せとして正しいものは、次のうちどれか。

＜説明＞

1．生産能力に余裕がある場合には、生産を前倒しにしたり、負荷が過剰な他の職場に応援を出すなどの調整を行う。一方、逆に過負荷で他職場との負荷調整が十分できない場合には、残業で対処したり、外注に出したりして納期を守れるようにする。

2．生産の実績を把握し、関係部署に伝達したり、予実差異分析や、生産活動の作業能率などを評価する。

3．生産現場や倉庫などで、何が、どこに、どのような状態で、いくつあるかを把握する。

4．何らかの理由で生産が遅れている物件に対しては、納期余裕のある物件と差し替えて先に該当する工程に流す、残業で対処する、増員で対応するなどの手段を考える。

＜語群＞

A．手順計画

B．進度管理

C．工数計画

D．事後処理

E．現品管理

F．製作手配

G．余力管理

ア．1：G　2：D　3：E　4：B

イ．１：C　　２：F　　３：D　　４：A
ウ．１：F　　２：B　　３：E　　４：D
エ．１：G　　２：F　　３：D　　４：A
オ．１：C　　２：D　　３：E　　４：A

解答● p.176

4●緩衝機能

テキスト第1章第3節

問題 6

H29後

在庫を持つことの利点に関する記述として最も不適切なものは、次のうちどれか。

ア．製造プロセスの各段階で緩衝機能となり、手待ちなどを低減することができる。
イ．モデルチェンジなどの生産機種の変更に対応しやすい。
ウ．短納期での対応が必要な受注が多い場合に対処しやすい。
エ．適切な部品在庫や仕掛品在庫は作業に対して緩衝機能になり、作業の稼働率が低下することを防ぐ。
オ．製品在庫があると需要変動があっても対応がしやすい。

解答●p.178

F●生産システム ＞ 4●資材・在庫管理システム

1●定期発注方式

テキスト第1章第4節

問題 7

H28後

「定期発注方式」又は「定量発注方式」の説明として不適切なものは、次のうちどれか。

ア．定量発注方式とは、在庫が減ってきて一定の在庫量まで達したら一定量を発注する方式のことである。
イ．一般に、定量発注方式にすると、定期発注方式にするより在庫が多めになる傾向がある。
ウ．定期発注方式の発注量は、過去の実績から求めた需要予測に基づいて、品目ごとに計算した一定の発注量を発注する。
エ．定量発注方式の適用対象としては、比較的安価なもの、共通に使用されることが多いもの、納入リードタイムが長くかからないものなどがある。
オ．定期発注方式の適用対象としては、金額の大きい重要品目、需要変動の大きいもの、機動的に在庫調整を行うものなどがある。

解答●p.179

3●他の発注方式

テキスト第1章第4節

問題 8

H28前

以下に示す資材・在庫管理システムに関する＜説明＞と発注方式の＜用語＞の組合せとして適切なものは、次のうちどれか。

＜説明＞

1．特殊な生産品目を受注時に生産するなど、資材について不定期に必要な量を発注する方式といえる。

2．資材・在庫管理システムの中で、いわゆる定期発注方式といえる。

3．設備を定期的に保守するために予め定められた部品を交換する場合などに用いる方式といえる。

4．資材・在庫管理システムの中で、いわゆる定量発注方式といえる。

＜用語＞

A．定期定量発注方式

B．定期不定量発注方式

C．不定期不定量発注方式

D．定期補充点発注方式

E．不定期定量発注方式

ア．	1：E	2：B	3：A	4：C
イ．	1：C	2：A	3：B	4：E
ウ．	1：C	2：B	3：D	4：E
エ．	1：E	2：C	3：D	4：B
オ．	1：C	2：B	3：A	4：E

解答●p.180

F●生産システム ＞ 4●資材・在庫管理システム

6●外注管理

テキスト第1章第4節

問題 9

H29後

外注管理に関する記述として最も不適切なものは、次のうちどれか。

ア．外注先の企業が小規模で間接費なども低い場合には、外注したほうが、コストの低減につながることが多い。

イ．特殊な技術が必要で自社にない場合、特殊な設備を使用する場合や自社では稼働率が低くなってコストが引き合わない場合などにおいては、外注で対応するほうがよい。

ウ．良い外注先を選定し、そこでの技術力が向上し、希望する作業が品質に対して低コストで期限日に納品されるようになれば、発注企業にとっても大きなメリットとなる。

エ．関連企業の育成とグループ力の強化を目指して、あえて難しい仕事も外注化するといった方法がとられる場合もある。

オ．受注や需要の動向が不安定な状況下では、仕事が多くなった時期に、設備投資をして生産能力を上げておき、仕事があふれないようにするための対策を講じておくのがよい。

解答●p.181

2●生産計画情報の伝達

テキスト第1章第6節

問題 10

H28後

生産計画情報の伝達及び電子化に関する記述として不適切なものは、次のうちどれか。なお、RFIDは、Radio Frequency Identificationであり、LANは、Local Area Networkである。

ア．CAD/CAMシステムにより製品、部品、素材に関する設計情報が生成され、工程設計として生産方法、生産順序、使用設備・装置などが決められる。

イ．生産計画システムはスケジューリング機能を伴うシミュレータとして構築され、意思決定支援に用いられる。

ウ．RFID技術を活用したICタグなどを利用して、個別の部品ごとに追跡管理を行うことをロットトラッキングと呼ぶ。

エ．生産計画システムの活用方法として、まず月度計画なり四半期計画などを立案することがある。次に、一度計画を立てた後、変更が入り、計画し直すことがある。このときは既に手配済みのものを変更するなどの事態が発生する。

オ．LANを用いると、設計者の設計結果を現場でも容易に検索することができるなど情報共有化がやりやすくなる。

解答●p.182

1●工程管理の目的

テキスト第２章第１節

問題 11

H28前

工程管理の目的と業務の流れに関する記述として最も不適切なものは、次のうちどれか。

ア．生産計画の「要素別の計画」と生産統制における「作業統制」は、それぞれを構成する業務内容とは関連性がない。
イ．顧客と契約をした期日に納品をするためには、適切な納期で注文を受けることが大切であるが、そのためには、基準日程をあらかじめ決めておき、それに基づいて受注活動を行う必要がある。
ウ．生産期間が受注期間より長い場合には、生産期間を短縮するか、先行手配をする必要がある。
エ．QCDは顧客の満足を得るための「需要の３要素」ともいわれ、工程管理では、その中でも時間管理に重点を置いている。
オ．適切な仕掛品を持つようにすれば、作業者や設備の稼働率の向上につながる。

解答●p.183

2●工程管理の流れと管理特性

テキスト第2章第1節

問題 12

H29前

工程管理の流れと管理特性に関する記述として不適切なものは、次のうちどれか。

ア．生産計画と生産実績の差異を調整するために生産統制をする。

イ．工程管理において工数を表す単位として、人的労働時間又は機械運転時間の２種類がある。

ウ．小日程計画では、各工程や各機械、各作業者などを対象にして、個々の製品別に、その製造オーダーごとの詳細な作業順序を決定する。

エ．工程管理における数量特性では、生産数量、所要数量、人数・機械台数などを対象にする。

オ．手順計画では、製造オーダーごとの仕事量を各工程や各ワークセンターへ割り当てていき、ワークセンターごとの生産能力と、与えられた仕事量をバランスさせる。

解答●p.185

1●生産計画の構造

テキスト第2章第2節

問題 13

H28前

大日程計画に関する項目として最も適切なものは、次のうちどれか。

ア．生産品目、生産量、納期の確定と保証
イ．計画変更やトラブルによる混乱や遅れの防止
ウ．資材調達の円滑化、所要人員や所要設備などの全体的な補充や整備
エ．所要人員、所要設備の確保
オ．出図、金型や治工具などの手配

解答●p.186

2●大日程計画（期間生産計画）

テキスト第2章第2節

問題 14

H29後

大日程計画に関する記述として適切なものは、次のうちどれか。

ア．一般に、工場における5年から10年先までの計画の立案が行われる。
イ．一般に、作業者の作業効率や設備の効率の最大化、仕掛品在庫量の最小化などを目的とする。
ウ．各種の調整・手配を行うもので、長期的な手配や予算統制の基礎となる。
エ．部品や設備、作業者などは、個別に計画が立てられる。
オ．資材や外注品の所要量や調整時期が確定される。

解答●p.188

3●中日程計画

テキスト第2章第2節

問題 15

H29前

中日程計画に関する記述として不適切なものは、次のうちどれか。

ア．計画は、製品全体を一括した形で製造部門のスタッフによって立案される。

イ．個別生産では、生産が不安定になりがちであるため、見込み生産より計画サイクルを短くする場合がある。

ウ．計画の目的には、生産品目、生産量、納期の確定と保証が含まれる。

エ．計画に基づいて、工数計画や材料計画、設備計画、人員計画などを具体化していく。

オ．見込・連続生産では、計画サイクルが月単位でも、在庫状況に応じて一部の計画を修正することで対応できる場合が多い。

解答●p.189

4●小日程計画

テキスト第2章第2節

問題 16

H28後

生産計画に関する記述として不適切なものは、次のうちどれか。

ア．工数計画では、仕事量に適合した設備台数や作業者数などを計画する。
イ．小日程計画は、一般に各設備や工程、作業者などを対象に具体的な計画を立案し、それに基づいて作業分配を行う。
ウ．工程管理における生産統制には、作業手配が含まれる。
エ．手順計画では、主に製品の製造方法などを計画する。
オ．生産計画は、期間別の計画と、要素別の計画に大別される。

解答●p.190

2●製品の部品への展開

テキスト第2章第3節

問題 17

H28後

内外製区分における外製化の決定理由に関する記述として、最も不適切なものは、次のうちどれか。

ア．専門的な技術があり、むしろ高品質が得られる。
イ．少量で小ロット生産のために自社の生産体制を乱したくない。
ウ．自社の基幹技術を維持したい。
エ．トラブル時に備えて、調達ソースを複数持っておきたい。
オ．仕事量が多く自社の生産能力では余力がない。

解答●p.191

3●最適生産方法の設定

テキスト第２章第３節

問題 18

H29前

以下の最適生産方法の設定に関する記述において、（　　）に入る用語の組合せとして適切なものは、次のうちどれか。

新しい製品を製造するためには、（　Ａ　）で指定した製品品質、生産量、納期を考慮した工程表を作成し、どの設備・機械及び治工具を使って作業を行うべきかを、技術的及び経済的な観点から決めることになる。

新たな設備・機械を導入する場合は、社内の工機工場などで内製するのか、外部の設備メーカーから調達するのかを決めること、すなわち機械・設備の（　Ｂ　）決定が必要である。

一般に、設備内製化のメリットは、①自社のニーズに合った（　Ｃ　）のローコスト自動化ができること、②自社でつくった機械なので、その後のメンテナンス、改善、機能拡張が比較的容易なこと、③外部の設備メーカーのマージンが高い場合に、その分だけコストが有利なこと、④工機工場を（　Ｄ　）の場として利用できること、などである。

ア．Ａ：製品設計　Ｂ：内示注文　Ｃ：多機能型　　Ｄ：熟練技能継承
イ．Ａ：製品設計　Ｂ：内外製　　Ｃ：機能限定型　Ｄ：生産性向上
ウ．Ａ：手順計画　Ｂ：内示注文　Ｃ：多機能型　　Ｄ：熟練技能継承
エ．Ａ：製品設計　Ｂ：内外製　　Ｃ：機能限定型　Ｄ：熟練技能継承
オ．Ａ：手順計画　Ｂ：内外製　　Ｃ：機能限定型　Ｄ：生産性向上

解答●p.192

1●工数計画と日程計画

テキスト第２章第４節

問題 19

H28前

以下の工数計画と日程計画に関する記述において、（　　）内に入る用語の組合せとして適切なものは、次のうちどれか。

（　Ａ　）は、生産計画の生産予定表によって求められる製品別の生産量と納期に対して、所定の計画期間に、それぞれの製品に対応した職場で、生産する製品別の（　Ｂ　）を決定する。そしてその（　Ｂ　）に対照させて、同期間の現有の（　Ｃ　）を求め、両者の差が最小となるように調整する。両者のバランスが一方に偏した場合、経営的に不利となる。（　Ｄ　）の場合には納期遅れを生じて販売面で不利となり、（　Ｅ　）の場合には人や機械の稼働率が低下して、生産面で不利となる。なお、（　Ａ　）による対策だけで対処できない場合には、当初立案した（　Ｆ　）を実現可能なものへと変更・調整する必要もある。

ア．Ａ：工数計画　Ｂ：生産能力　Ｃ：負荷工数　Ｄ：過大負荷
　　Ｅ：過小負荷　Ｆ：日程計画
イ．Ａ：日程計画　Ｂ：負荷工数　Ｃ：生産能力　Ｄ：過小負荷
　　Ｅ：過大負荷　Ｆ：工数計画
ウ．Ａ：工数計画　Ｂ：負荷工数　Ｃ：生産能力　Ｄ：過大負荷
　　Ｅ：過小負荷　Ｆ：日程計画
エ．Ａ：日程計画　Ｂ：生産能力　Ｃ：負荷工数　Ｄ：過大負荷
　　Ｅ：過小負荷　Ｆ：工数計画
オ．Ａ：工数計画　Ｂ：負荷工数　Ｃ：生産能力　Ｄ：過小負荷
　　Ｅ：過大負荷　Ｆ：日程計画

解答●p.193

問題 20

H29後

生産管理に関する記述とその用語の組合せとして最も適切なものは、次のうちどれか。

1．製品を生産するに当たり、その製品の設計情報から、必要作業、工程順序、作業順序及び作業条件を決める活動。
2．習熟、改善活動、設計改良などにより、作業時間又は延べ時間を減少すること。
3．生産計画によって決められた製品別の納期と生産量に対して、仕事量を具体的に決定し、それを現有の人や機械の能力と対照して、両者の調整を図ること。
4．すべての仕事に関して、工程別、職場別に各期間における仕事量を集計し、生産能力の過不足の状態を把握すること。
5．各工程又は個々の作業者について、現在の負荷状態と現有能力とを把握し、現在どれだけの過不足があるかを検討し、作業の再配分を行って、能力と負荷を均衡させる活動。

ア．1：総合手配　2：人員計画　3：工数計画　4：工数低減
　　5：余力管理
イ．1：手順計画　2：工数低減　3：工数計画　4：工数山積み
　　5：余力管理
ウ．1：工数計画　2：人員計画　3：余力管理　4：人員計画
　　5：工数山積み
エ．1：総合手配　2：工数山積み　3：工数計画　4：工数山積み
　　5：余力管理
オ．1：手順計画　2：工数低減　3：余力管理　4：人員計画
　　5：工数計画

解答●p.193

2●負荷（負荷工数）と生産能力の工数換算

テキスト第2章第4節

問題 21

H28後

以下に示す＜負荷・生産能力表＞で考えられる対策として不適切なものは、次のうちどれか。

＜負荷・生産能力表＞

月		4	5	6	7	8	9	合計
負荷	生産量(個)	30,809	24,486	26,673	29,004	35,985	23,990	170,947
	総工数(分)	60,032	53,131	61,994	64,465	61,056	56,976	357,654
能力	稼働日数(日)	21	21	23	21	21	21	128
	総工数(分)	63,357	65,357	71,582	65,357	65,357	65,357	396,367

ア．販売部門へ販売促進を要求する。

イ．製造オーダーの投入日時を前倒しする。

ウ．単位当たりの標準作業時間を短縮する。

エ．就業時間を短縮する。

オ．使用する機械・設備を一部停止する。

解答●p.195

2●部品展開

テキスト第2章第5節

問題 22

H29後

材料計画に関する記述として最も適切なものは、次のうちどれか。

ア．サマリー型部品表では、親部品と子部品の関係や、中間部品の構成、共通部品の必要量などが把握できる。
イ．タイムバケットを長くするほど、細かい計画が立てられるが、計算量が増え計算の処理に時間がかかることがある。
ウ．部品展開の正展開は、子部品が複数の親部品を持つときに、その関係を示す方法である。
エ．独立需要品目の所要量は、従属需要品目の所要量を集計して求める。
オ．資材所要量計画の成立条件として、部品構成表の整備、基本生産計画の確立、在庫情報の正確性などがある。

解答●p.196

1●ダイヤグラム

テキスト第2章第6節

問題 23

H28後

ダイヤグラムに関する記述として不適切なものは、次のうちどれか。なお、PERTはProgram Evaluation and Review Techniqueとし、AONはActivity on Nodeとする。

ア．プロジェクトの日程を管理するための仕事の単位をアクティビティと呼ぶ。

イ．アローダイヤグラムによりネットワークを表現するときのルールの中に、プロジェクト全体の開始結合点と終了結合点はそれぞれ1つしか持たないことが含まれる。

ウ．PERTでは、作業間の先行関係を図に示すために、アローで作業を表現し、作業と作業を結び付けるためにノードで結合点を表現する。

エ．PERTでは、プロジェクトを管理する最小限の情報として、作業の項目、各作業間の先行関係、各作業の処理時間がある。

オ．アローダイヤグラムのように、作業をアローで示すことを、AONという。

解答●p.197

2●PERT（Program Evaluation and Review Technique）

テキスト第2章第6節

問題 24

H29後

以下の図に示すアローダイヤグラムで、クリティカルパスを示す作業順序として適切なものは、次のうちどれか。なお、（　　）は作業日数を表す。

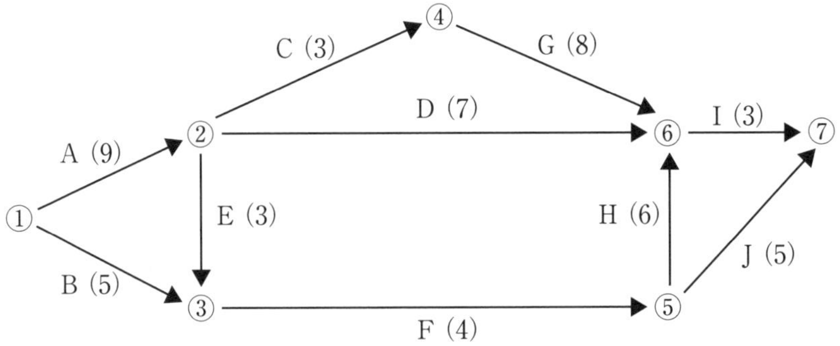

ア．A→E→F→H→I
イ．A→D→I
ウ．A→C→G→I
エ．B→F→H→I
オ．B→F→J

解答●p.198

問題 25

H26前

PERTに関する記述として不適切なものは、次のうちどれか。

ア．作業遅れがあった場合、他の作業への影響が分かる。
イ．まず日程に余裕のある作業に着目し、その改善を行い、ムダな余裕を無くすようにする。

ウ．日程の短縮を進めていくと、クリティカルパスが変化する場合もある。

エ．全体の日程を短縮する際の対象作業を絞り込める。

オ．クリティカルパスの日数が短縮できると、全体の日程が短縮できる。

解答●p.198

1●生産プロセスの構造

テキスト第3章第1節

問題 26

H29後

下記の図は、ある化学プラントの工程を表したものである。＜語群＞は表中A～Dに関する説明である。その説明として適切なものの組合せは、次のうちどれか。

化 学 プ ラ ン ト

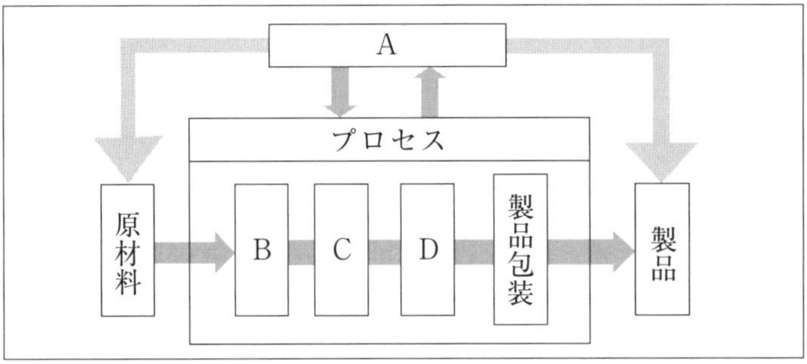

＜語群＞

①適当な反応時間を経て反応生成物・未反応物・副生成物の混合したものが得られる。

②電力・蒸気などを供給・回収したり、生じた不要な有害物質を処理したりする。

③混合した生成物から不純物を取り除き、製品として分離・精製する。

④原材料の粉砕・ふるい分け・練和・混合・溶解・濃度調整などを行う。

ア．A：②　B：①　C：④　D：③

イ．A：①　B：③　C：②　D：④

ウ．A：②　B：④　C：①　D：③

エ．A：④　B：③　C：②　D：①

オ．A：④　B：②　C：①　D：③

解答●p.200

3●連続生産とバッチ生産

テキスト第3章第1節

問題 27

H28後

連続生産とバッチ生産の特徴に関する記述として不適切なものは、次のうちどれか。

ア．連続生産は、少種多量の生産に適しており、安定した品質と生産設備の大型化による製造コストの低減等のメリットがある。

イ．連続生産では、定常運転時の装置の運転条件（温度、圧力、流量）が一定であり、自動化に適している。

ウ．連続生産では、定常運転時はトラブルが少なく、スタート時や停止時にトラブルが比較的多い。

エ．バッチ生産は、多種少量の生産に適しており、段取りに時間がかかるが、バッチごとの品質のバラツキが少なく、顧客要求に合わせた製品を造り込むことができる。

オ．バッチ生産では、運転条件は常に非定常な状態にあり、操作上も人との関わりが多く、ミスを起こしやすい。

解答●p.201

4●プロセスシミュレーション

テキスト第３章第１節

問題 28

H29前

化学プラントのプロセスシミュレーションを行う場合、ダイナミックシミュレータを使用する目的として不適切なものは、次のうちどれか。

ア．プラントの改造時に、事前にプラントの制約や能力を確認する。
イ．プラントの各機器・装置の保守性を確認する。
ウ．新設プラントのスタートアップやシャットダウンの操作手順を作成、検証する。
エ．プラントの異常発生時の機器能力を確認する。
オ．機器切り替えなどの運転条件変更時の状態を確認する。

解答●p.203

1●マテリアルバランスの考え方

テキスト第3章第2節

問題 29

H29後

下記の図は、ある食品（製品A）の製造工程を示したものである。＜条件＞に基づいて製品Aを製造した場合の結果として適切なものは、次のうちどれか。

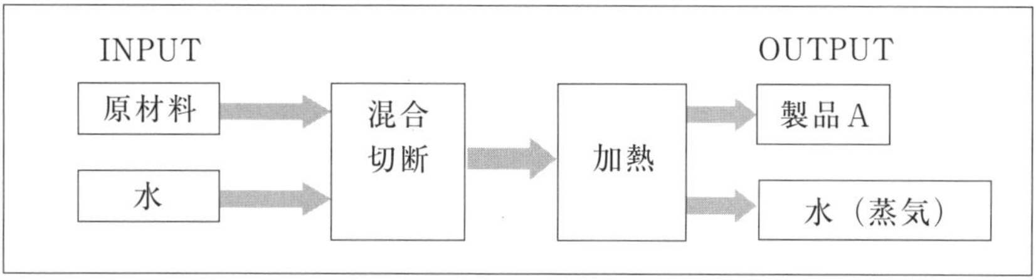

＜条件＞

①INPUTは、重量ベースで60％は水、40％は原材料である。

②原材料に水分は含まれていない。

③製品Aには20％の水分が含まれている。

④OUTPUTで900kgの水が蒸気として排出される。

ア．水のINPUTは、1,200kgである。

イ．原材料のINPUTは、540kgである。

ウ．製品Aに含まれる水分は、240kgである。

エ．製品Aの産出量は、原材料より少ない。

オ．製造される製品Aは、900kgである。

解答●p.204

2●マテリアルバランスの計算方法

テキスト第3章第2節

問題30

H29前

連続式反応槽において、以下の＜想定条件＞に基づき運転する場合、反応槽出口の状態をマテリアルバランスを用いて計算した結果として不適切なものは、次のうちどれか。

＜想定条件＞

・生成反応　　：原料A（1.0）＋原料B（0.6）→ 製品X（1.6）（重量比）
・インプット　：原料Aの流量：1,000kg/時間
　　　　　　　　原料Bの流量：800kg/時間
　　　　　　　　溶剤Cの流量：5,000kg/時間
・アウトプット：出口の製品Xの濃度：20wt%

※wt%＝重量パーセント濃度

＜補足説明＞

①溶剤Cはすべて未反応物として流出する。
②出口の製品Xの濃度は、反応槽の温度・濃度などの条件により都度変動し、今回は20wt%であった。
③反応槽の条件により、原料Aと原料Bの一部は、未反応物として流出する。

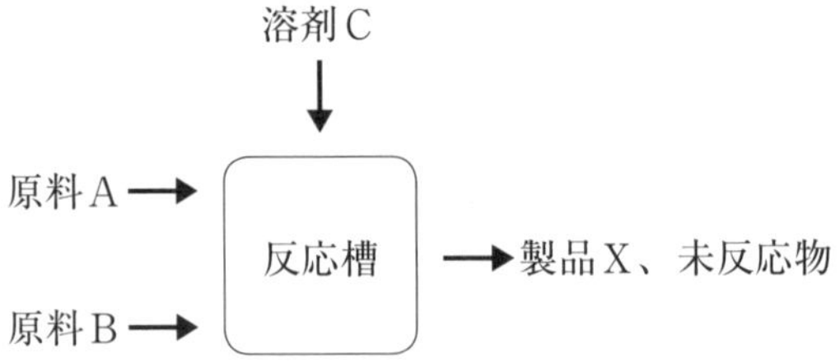

図　プロセスフロー

ア．全流量は、6,800kg/時間となる。
イ．製品Xの生成量は、1,360kg/時間となる。
ウ．反応で製品Xに転化した原料Aの量は、850kg/時間となる。
エ．反応で製品Xに転化した原料Bの量は、510kg/時間となる。
オ．原料Aの転化率は、80％となる。

解答●p.205

1●エネルギー管理の考え方

テキスト第3章第3節

問題 31

H28後

日常の運転において、エネルギーについて管理すべきものとして最も不適切なものは、次のうちどれか。

ア．加熱炉における排煙中の空気過剰率
イ．廃熱回収後の排水の温度
ウ．圧縮機の駆動モーターにかかる電圧
エ．冷却水の使用後の温度
オ．廃水中の有害物質の濃度

解答●p.206

2● ヒートバランスの計算方法

テキスト第3章第3節

問題 32

H29後

エネルギー管理の考え方として不適切なものは、次のうちどれか。

ア．ヒートバランスで用いられるエンタルピーは、重量×比熱×基準温度で求められる。
イ．ヒートバランスは、エネルギーの流れであるので、媒体となる物質の温度や状態（気体か、液体か、固体か）、場合によっては圧力も関係する。
ウ．エネルギーの合理的な使用を考える場合、日常の運転管理の中での評価方法として廃熱の回収利用の程度などが使われる。
エ．領域に流出入するエネルギーは、流出入する物質の持つエネルギー、外部からの熱量の流出入、領域に加えられる撹拌《かくはん》などが考えられる。
オ．ヒートバランスは、電力や蒸気、冷却水などのユーティリティの原単位を算出する場合に用いられる。

解答●p.207

問題 33

H28前

蒸留塔塔頂の凝縮器まわり（次図参照）の熱収支から冷却水の出口温度として適切なものは、次のうちどれか。
ただし、塔頂からの流体の潜熱を80kcal/kg、顕熱を0.5kcal/kg℃、冷却水の顕熱を1.0kcal/kg℃として計算すること。

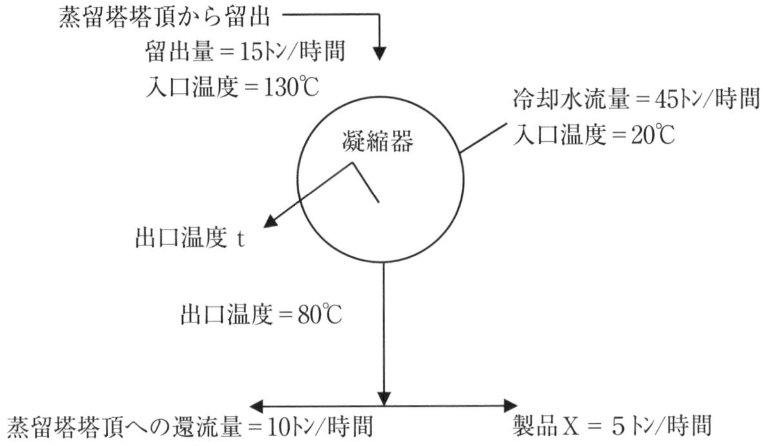

ア．40℃
イ．45℃
ウ．50℃
エ．55℃
オ．60℃

解答●p.208

H●生産計画（プロセス型）＞04●生産計画（計画システム）

1●生産計画の展開

テキスト第３章第４節

問題 34

H28後

装置産業のプロセス型企業における、長期計画（３～５年）、年間計画（１年）、月次計画、日次計画に関する記述として不適切なものは、次のうちどれか。

ア．原材料や製品の在庫状況に基づく生産量の決定は、月次計画あるいは日次計画において行う。
イ．新製品の研究開発・生産・販売計画は、長期計画で立案する。
ウ．原材料の調達は月次の生産計画に基づき行う。
エ．財務体質の強化策は、年間計画で立案し月次計画に展開し実施する。
オ．月次計画は３ヵ月作成し、最初の１ヵ月を確定させ、残りの２ヵ月はローリングプランとするのが典型的な運用形態である。

解答●p.209

4●品種切替生産とロットサイズ

テキスト第3章第4節

問題 35

H29後

1つのプラントで複数製品を切替生産する場合、経済的な製造ロットサイズ（連続して生産する量）を決定するうえで、考慮すべき2つの＜項目＞の組合せとして適切なものは、次のうちどれか。

＜項目＞
A．製品切り替えのために発生する費用
B．製品の生産能力
C．製品の品質
D．製品の在庫保管費用

ア．A、B
イ．A、C
ウ．A、D
エ．B、C
オ．B、D

解答●p.211

5●生産計画の変更とその対応

テキスト第3章第4節

問題 36

H29前

プロセス型生産の工場において、以下の＜要因＞に示す事態が発生した場合、どの＜対策＞を行うのが良いか、その組合せとして最も適切なものは、次のうちどれか。

＜要因＞

a：販売（出荷）の急増
b：生産設備の故障
c：原材料の不足
d：電力の不足

＜対策＞

①：製品在庫による手当、代替製品出荷
②：同業他社からの融通
③：緊急修理が必要か、計画補修時に合わせて補修できないかの検討
④：近隣各社からの融通

ア．a－①　b－③　c－①　d－④
イ．a－②　b－③　c－④　d－②
ウ．a－④　b－③　c－④　d－④
エ．a－①　b－①　c－②　d－②
オ．a－①　b－③　c－②　d－④

解答●p.212

H●生産計画（プロセス型） ＞ 4●生産計画（計画システム）

6●プロダクトミックス

テキスト第3章第4節

問題 37

H28後

プロセス型生産で採られる経済的に最適な運転方法に関する記述について、プロダクトミックスの考え方に該当するものとして適切なものは、次のうちどれか。

ア．運転負荷や運転条件を最適な条件に調整し、原材料、用役等の所要コストを削減する。
イ．複数製品の切替生産において、切替費用と在庫費用とを全体として評価し、経済的に最適な切替頻度（時間）を選択する。
ウ．限られた生産資源の中で、各製品の利益率を考慮して、全体利益が最大になるように各製品の生産量を決定する。
エ．ネックになっている生産資源の制約を緩和する対策を採ることにより、生産量の増産やそれによる利益の増大を図る。
オ．限られた生産資源の中で、全体として生産高が最高になるように、個々の製品の生産量を決定する。

解答●p.213

H●生産計画（プロセス型） ＞ 5●工程管理（管理システム）

2●原材料・プロセス・製品の管理

テキスト第3章第5節

問題 38

H29前

プロセス型生産工場の工程管理おいて、「人」、「設備」、「モノ・技術」の3つの管理対象に対する管理業務に関する記述として最も重要度が低いものは、次のうちどれか。

ア. プラント運転員の動作経済の原則に基づく作業の分析
イ. 生産設備の日常点検、定期点検
ウ. 製造データの監視・記録
エ. 収率に関する管理図の作成
オ. 製品のサンプリング試験

解答●p.214

3●作業標準とオペレーションマニュアル

テキスト第3章第5節

問題 39

H28前

ある化学プラントのある工程の操作員のオペレーションマニュアルは、以下のような構成となっている。a～dに該当する語句の組合せとして最も適切なものは、次のうちどれか。
なお、a～dは各々複数の内容を含み、ア～オの選択肢のa～dではそのうちの1つを表しているものとする。

オペレーションマニュアルの構成

項目分類	内容
1．取扱物質	・物質データ ・a
2．設備機器	・機器配置図 ・b
3．作業方法	・始動時・正常時・停止時の作業方法 ・サンプリング・分析方法 ・c
4．管理方法	・管理図の作成方法 ・異常時の連絡先・連絡方法 ・d

ア．a：取扱方法　　b：機器リスト
　　c：事故・故障時の対処方法　　d：新人操作員の教育方法
イ．a：在庫管理方法　　b：始動・点検・停止方法
　　c：プラント稼働中のパトロール方法　　d：報告事項一覧リスト
ウ．a：廃棄手続　　b：設備簿価一覧リスト
　　c：地震時の対処方法　　d：ローテーション操作員の引継方法
エ．a：分析方法　　b：修理方法
　　c：工具・治具一覧リスト　　d：操作員の勤務管理手続

オ． a ：購入手続　　　　　　　b ：機器リスト
　　c ：流量・温度・圧力条件　　d ：ローテーション操作員の教育方法

解答●p.215

問題 40

H28後

プロセス型企業の作業標準書の作成目的について最も不適切なものは、次のうちどれか。

ア．作業者による作業方法のバラツキを少なくする。
イ．工程の負荷平準化を行う。
ウ．作業改善の結果による最も良い作業方法を採用する。
エ．新人の教育訓練に使用する。
オ．ノウハウの蓄積を行う。

解答●p.215

1●工程編成の意義

テキスト第4章第1節

問題 41

H29前

工程編成に関する記述として最も適切なものは、次のうちどれか。

ア．レイアウト設計においては、計画したQCDを満足し、できるだけモノの流れを円滑にしながら製造コストの最小化を目指すことが目標となる。

イ．工程編成の手順は、レイアウト設計→物流設計→作業設計→工程設計となる。

ウ．グループ編成は、各製品の生産工程の類似性によって工程編成を行うことである。

エ．手順計画は、人の作業手順と機械・設備の稼働状況の対応関係を決定する計画である。

オ．製品品種が多く生産量が少ない場合には、量産効果を上げにくくなり、工程編成ではグループ編成が適用される。

解答●p.217

1●ラインの基本要素

テキスト第4章第2節

問題 42

H28前

ライン編成に関する記述として不適切なものは、次のうちどれか。

ア．各工程に割り付けた要素作業の合計時間の一番大きな工程をネック工程といい、その工程の時間をネックタイムという。

イ．サイクルタイムはラインの最終工程から完成品が送り出される時間間隔を規定するものである。

ウ．編成効率は、ライン全体の能力を分母として、次式で求められる。

編成効率＝総作業時間÷（ネックタイム×工程数）

エ．ライン全体の能力に対する各工程の手待ち時間の合計の割合をバランスロスといい、次式で求められる。

バランスロス＝各工程の手待ち時間の合計÷(ネックタイム×工程数)

オ．総作業時間に対するライン全体の能力の割合を組余裕率といい、次式で求められる。

組余裕率＝（ネックタイム×工程数）÷総作業時間

解答●p.218

2●ラインバランシング

テキスト第4章第2節

問題 43

H29後

ライン編成における作業の組合せに関する記述として不適切なものは、次のうちどれか。

ア．調整などの難しい作業とやさしい作業を分割して、各作業者に配分するとよい。
イ．同一箇所の作業は、なるべく同じ工程に集める方がよい。
ウ．高価な測定機器を反復使用する作業は、別の工程に分散させるとよい。
エ．同じ種類の作業は、なるべく同じ工程に集めるとよい。
オ．重作業と軽作業を分割して、各作業者に配分するとよい。

解答●p.219

5●ラインの運営

テキスト第4章第2節

問題 44

H29前

以下の記述において、(　　)に当てはまる用語の組合せとして適切なものは、次のうちどれか。

①ラインサイド供給方式は、(　A　) の1つの方式である。
②必要部品一式をセットにして供給専用のコンベヤで作業コンベヤと同調させて各工程の手元まで部品を供給する方式を (　B　) と呼ぶ。
③部品供給と貯蔵を兼ねた循環型コンベヤで部品を常時循環させながら供給する方式を (　C　) と呼ぶ。
④組立作業に必要な部品一式を倉庫又は現場でセットにし、ラインの第1工程に供給する方式を (　D　) と呼ぶ。

ア. A：循環供給方式　　B：マーシャリング方式
　　C：セット方式　　D：ロット供給方式
イ. A：セット方式　　B：ロット供給方式
　　C：循環供給方式　　D：マーシャリング方式
ウ. A：ロット供給方式　　B：マーシャリング方式
　　C：循環供給方式　　D：セット方式
エ. A：マーシャリング方式　　B：セット方式
　　C：ロット供給方式　　D：循環供給方式
オ. A：セット方式　　B：ロット供給方式
　　C：マーシャリング方式　　D：循環供給方式

解答●p.220

3●フレキシブル生産方式

テキスト第4章第3節

問題 45

H28後

FMS（Flexible Manufacturing System）の持つ基本的な機能に関する記述として最も不適切なものは、次のうちどれか。
なお、FMCはFlexible Manufacturing Cellである。

ア．製品や部品などの貯蔵やラインへの供給などを行う倉庫機能
イ．数値制御化された工作機械や組立、検査などを行う加工機能
ウ．コンピュータを用いた対話型製図、構造解析などを行うシミュレーション機能
エ．産業用ロボットや自動搬送機などにより搬送を行う物流機能
オ．コンピュータにより機械群の制御などを行うためのソフト機能

解答●p.221

3●SLPの手順のパターン

テキスト第4章第5節

問題 46

H25後

工場レイアウト計画におけるＰ－Ｑ分析の手順に関する記述として不適切なものは、次のうちどれか。

ア．生産量は、製品企画、市場調査、需要予測等のデータを基にする。
イ．種々の製品（又は材料、部品）は、類似工程、共通部品の使用等を考慮してグルーピングする。
ウ．各製品グループについて、レイアウト計画時の生産量を把握する。
エ．横軸に製品グループ（Ｐ）、縦軸に生産量（Ｑ）をとり、需要の時系列順に並べてプロットする。
オ．生産量（Ｑ）の捉え方は、重量、数量、容積等とする。

解答●p.222

1●運搬の考え方

テキスト第4章第6節

問題 47

H29後

MHに関する以下の記述において、（　　）に入る用語の組合せとして正しいものは、次のうちどれか。なお、MHは、Material Handlingである。

運搬管理はMHと呼ばれ、（　A　）と（　B　）の2つの動作を統合している。（　A　）は普通に考えられている運搬のことで、品物の位置の（　C　）を行う運搬である。（　B　）は加工中に行われている材料や加工品の取置き、運搬機器への積み降ろし、その前後の整理などの（　D　）をいう。工場における運搬は、「（　D　）→（　C　）→（　D　）」で構成されており、取扱に要する労力・所要時間のウエイトが移動のそれと比べて大きいといえる。運搬コストを含めて運搬の問題解決を考えるとき、改善・節減のより大きな可能性からしても（　D　）を重視すべきである。

生産に対して運搬は必要悪であり、工程・設備間に距離があり、生産を進めるためには、物あるいは人の移動は避けられない。物の移動距離・時間は（　E　）と密接な関連があり、（　E　）の良し悪しが直接運搬に反映される。（　E　）の評価項目の中にはいくつかの運搬に関係するものが含まれており、運搬の改善にそれらを活用することができる。

ア．A：主体的運搬　B：補助的運搬　C：取扱　D：移動　E：レイアウト
イ．A：主体的運搬　B：補助的運搬　C：移動　D：取扱　E：作業動作
ウ．A：顕在的運搬　B：潜在的運搬　C：移動　D：取扱　E：レイアウト
エ．A：顕在的運搬　B：潜在的運搬　C：移動　D：取扱　E：作業動作
オ．A：主体的運搬　B：付随的運搬　C：取扱　D：移動　E：レイアウト

解答●p.223

2●運搬の合理化

テキスト第4章第6節

問題 48

H29前

運搬の合理化に関する記述として不適切なものは、次のうちどれか。

ア．運搬車がモノを載せずに走行することを空移動といい、実際に運搬している状態を実移動という。

イ．ユニットロードシステムのねらいは、荷姿、重量、容積を統一することにより、運搬機器装置の有効利用を図り、工場内外での運搬の合理化を進めることにある。

ウ．運搬作業を専門の運搬員に任せることで、直接工の稼働率向上や、段取りの迅速化、仕掛品の減少、運搬機器の有効活用などが期待できる。

エ．運搬の継ぎ目での積み替えや載せ替えは、物流の一貫性を阻害する不連続運搬と呼ばれる。

オ．モノの動かしやすさを活性と呼び、モノの移動で常に活性が高い状態を維持できれば、物流の効率化が実現できる。

解答●p.224

1●設備管理の意義と体系

テキスト第4章第7節

問題 49

H29後

JISによる保全の分類は、以下の図で示される。空欄に入る用語として、適切なものの組合せは、次のうちどれか。

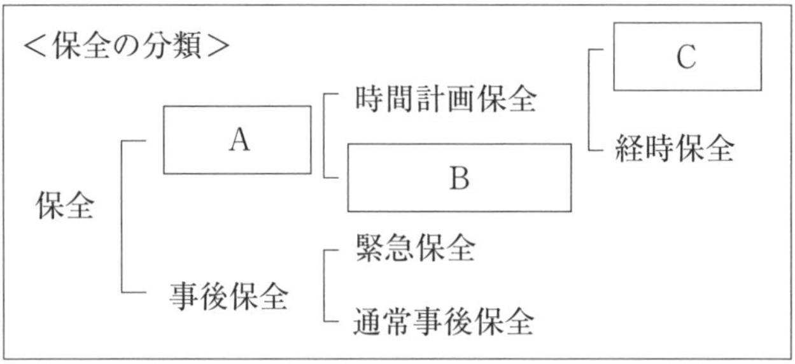

ア．A：冗長保全　　B：定期保全　　　C：設備保全
イ．A：予防保全　　B：定期保全　　　C：状態監視保全
ウ．A：改修保全　　B：状態監視保全　C：定期保全
エ．A：予防保全　　B：状態監視保全　C：定期保全
オ．A：冗長保全　　B：偶発故障保全　C：状態監視保全

解答●p.225

2●故障・劣化と保全

テキスト第4章第7節

問題 50

H25後

最適保全周期に関する記述として不適切なものは、次のうちどれか。

ア．保全周期とは、予防保全を実施する際に、対象設備ごとに定められた定期点検、定期診断、定期部品交換、定期修理等を行う周期のことである。

イ．設備の劣化傾向を設備診断によって管理し、故障に至る前の最適な時期に、最善の対策を行う。

ウ．故障の発生率や系を構成する多数の部品の相互関係が絡み合って、系全体の最適保全周期を決定することは難しい。

エ．偶発故障期にある設備の予防保全は、等間隔周期で行うのでなく、状態監視を行い、所定の劣化水準まで機能が落ちてくる時期に保全するのが一般的である。

オ．一般に、修理の周期が長いほど劣化損失費は増えるが、修理頻度が少なくなることから修理費は少なくなる。

解答●p.226

生産管理プランニング 2級

● 生産システム・生産計画
（加工型・組立型／プロセス型）

ビジネス・キャリア®検定試験
解答・解説編

1●設計システム

テキスト第1章第1節

問題1 解答

H29前

正解 イ

ポイント 設計システム及び設計管理システムについての基礎知識を問う。

解説

ア．不適切。「設計管理システム」に関する説明である。

イ．適切。基本設計は、製品企画で設定された要求仕様を満たすために、必須となる「基本機能」を決め、それを達成できるような製品の基本原理や、基本構造を決定する。その結果を、製品の全体構成を示す「基本設計図（基本計画図）」としてまとめる。

ウ．不適切。「生産設計」に関する説明である。

エ．不適切。「概念設計」に関する説明である。

オ．不適切。「詳細設計」に関する説明である。

問題2 解答

H28前

正解 エ

ポイント 製造システムに関するそれぞれの管理業務の概念や適用の仕方についての理解を問う。

解説

1：E　生産システムの手続的意義
　　工場・工程・製品の設計システム（技術情報の流れ）と、生産管理（計画と統制）システム（管理情報の流れ）

2：D　生産システムの構造的意義
　　生産設備の空間的配置（プラントレイアウト）

3：B　生産システムの変化プロセス（機能）的意義
　　購買－加工－組立－流通－販売というロジスティックスシステム

（モノの流れ）

4：A　製造活動を実現するための生産手段

製造活動を実現するために、生産手段である人、機械・設備、資材、さらに生産情報、そして資金などの資源が投入されている。

したがって、エが正解。

1●基本システム

テキスト第1章第2節

問題3 解答

H29後

正解 ア

ポイント 生産管理システムの代表的な管理方式について、それぞれの管理業務の内容についての理解を問う。

解説

ア．適切。累計製造番号のことを「追番」といい、継続生産における部品の数量統制の管理方式として適用されている。

イ．不適切。常備品管理方式とは、常備品について、使用頻度の高い資材や継続的に使われる資材について、一般的に「経済的発注量」で見込生産や調達を行い、適切な在庫をもって需要に対応する方式である。

ウ．不適切。流動数管理方式は、連続生産又は多量生産において用いられる管理方式である。実務では、多量生産であっても生産実績（出来高）は一定ではなく、日々変動する。不適合品の発生、作業者の欠勤、機械故障、材料入荷の遅延などの要因による生産数量の変動を、すべて仕掛品の増減によって吸収しようというのが流動数管理方式の特色である。

エ．不適切。製番管理方式は、比較的高価な製品や引当部品の個別受注生産やロット生産で、従来から日本の工場で多く採用されている。生産指示（生産オーダ）１件ごとに生産数量、生産納期を決め、仕様の同じ製品を１つのロットとして製番（製造番号）を付ける方式である。

オ．不適切。MRPは、計画を中心とした押し出し生産方式（PUSH生産方式）の代表的な生産管理システムである。

3●MRP（資材所要量計画）システム

テキスト第1章第2節

問題4 解答

H28後

正解 ア

ポイント MRPについての基礎知識を問う。

解説

ア．適切。1960年代の後半に、アメリカでコンピュータ利用を前提としたMRPが開発された。1980年代に入り、さらにMRPⅡ（製造資源計画＝Manufacturing Resource Planning）へと拡張し、次のような機能が包含された。

①基準生産計画機能の上位計画である総合生産計画（Aggregate Production Planning）

②販売計画との連携

③生産管理システムと会計・財務システムとの統合化

イ．不適切。タイムバケットでなく、タイムフェイズである。

ウ．不適切。上位の階層レベルでなく、下位の階層レベルである。

エ．不適切。従属需要品目でなく、独立需要品目である。

オ．不適切。プル生産方式でなく、プッシュ生産方式である。

2●生産統制

テキスト第1章第3節

問題 5 解答

H29前

正 解 ア

ポイント 生産統制に含まれる各管理業務の生産現場における適用についての理解を問う。

解 説

A．手順計画

手順計画は、製造オーダごとに必要な作業工程を設定し、各工程での作業内容を決めて、作業順序・加工や組立方法・ロットサイズなどを決めるもの。

B．進度管理

所定の納期に間に合うよう生産の進捗を的確に把握し、進捗の遅い物件については適正な措置をとるなどの管理。

C．工数計画

工数計画は、製造オーダごとの仕事を各工程や各ワークセンターへ割り当てていき、ワークセンターごとの生産能力と、与えられた仕事量（負荷）をバランスさせるもの。

D．事後処理

生産統制は生産計画と実績の差異を調整するのが大きな役割である。実行するため次のような事項を行う。

①生産計画を関係部門に伝達する
②関係部門はそれに即し、資材手配など自部門の役割を果たす
③生産現場に作業指示を行う
④実績を記録する
⑤計画と実績との差異を測定する
⑥それらに基づき、適切な処置を講じる
⑦調整した内容及び調整しきれなかった内容を計画立案部門に報告する
⑧実績を把握・整理し関係部門に伝達する

⑨予実差異分析、評価（作業能率等）内容を作成する

⑩上記を関係部門に伝達する

⑪関係部門で実績評価会議等を持つ

E．現品管理

現品の所在と数量を把握し、進捗管理に対応させた現品の保管・運搬を行う。

F．製作手配

生産計画の作業予定表、関係資料を各職場へ配布するもの。

G．余力管理

工数計画と連携させ、現在の仕事量（負荷）を把握して、人や機械の余力能力を有効に活用するもの。

したがって、アが正解。

4●緩衝機能

テキスト第1章第3節

問題6 解答

H29後

正解 イ

ポイント 在庫を持つことの利点及び欠点についての理解を問う。

解説

ア．適切。手持ちが発生しやすい作業ステーションの前に在庫を持つことで、手持ちが減少できる。

イ．不適切。モデルチェンジなどによって品種の変更があると、旧製品の材料や部品の在庫が使用されなくなることがある。

ウ．適切。例えば、製造プロセスの途中に在庫を持つことで、受注に対応することができる。

エ．適切。アで示したように、手持ちの減少により稼働率が向上できる。

オ．適切。製品在庫があると需要変動があっても欠品を起こさずに納入することができる。仕掛品在庫が余分にあると、多少の不適合品が出ても予定どおり期日に必要な量を生産することができる。在庫とはこのように便利なものであるが、過剰在庫と欠品の同時進行という事態を招きやすい欠点もある。

1●定期発注方式

テキスト第1章第4節

問題 7 解答

H28後

正 解 ウ

ポイント 「定期発注方式」又は「定量発注方式」の双方の特色の違いについての理解を問う。

解 説

ア．適切。日常的に使用する物品は、定量発注方式のほうが管理も簡単で向いている。

イ．適切。一般に定量発注方式にすると在庫が定期発注方式にするより多目になるが、管理の手間はあまりかからない。

ウ．不適切。定期発注方式では、毎週あるいは毎月などに定期的に、発注量を、品目別に予測を立ててその都度計算して求め直して発注する。生産計画を立案し、資材を手配する場合には、定期発注方式を用いるとよい。

エ．適切。定量発注方式の適応対象としては、下記のようなものが挙げられる。一般の規格品などがこれに当てはまる。

①比較的安価なもの

②共通に使用されることが多いもの

③納入リードタイムが長くかからないもの

オ．適切。標準品で継続的に使用するものは定量発注方式を用いるとよい。定期発注方式の適応対象としては、下記のようなものが挙げられる。

①金額の大きい重要品目

②需要の変動が大きいもの

③納入リードタイムが長くかかるもの

3●他の発注方式

テキスト第1章第4節

問題8 解答

H28前

正解 オ

ポイント 資材・在庫管理システムに関するそれぞれの管理業務の概念や適用の仕方についての理解を問う。

解説

A．定期定量発注方式：3

設備を保守するために定期的にあらかじめ定められた部品を交換する場合などにおいては、定期で定量発注すればよい。なお、この方法で対応できる対象は限定されている。

B．定期不定量発注方式：2

定期不定量発注方式とは、毎週あるいは毎月等に定期的に資材を発注する方法である。発注量は品目別に予測を立てて決めなければならない。したがってこの場合、発注量をその都度計算する必要がある。

C．不定期不定量発注方式：1

特殊な生産品目を受注時に生産するときなどは、資材を不定期に必要量（不定量）発注する形となる。標準品ではなく、特殊仕様の製品などの場合はこの方式が多くなる。

D．定期補充点発注方式

定期補充点発注方式とは、定期に補充点（一定に補充しておくよう定めた量）と有効在庫との差を補充発注する方式である。

E．不定期定量発注方式：4

一般に定量発注方式にすると在庫が定期発注方式にするより多目になるが、管理の手間はあまりかからない。

したがって、オが正解。

6●外注管理

テキスト第1章第4節

問題 9 解答

H29後

正解 オ

ポイント 外注管理についての基礎知識を問う。

解説

ア．適切。外注先の企業のほうが小規模で間接費等も低い場合、外注したほうがコストの低減につながることが多い。また小回りもききやすいので、納期面でも迅速に対応してくれるというメリットもある。

イ．適切。特殊な技術が必要で自社にない場合、外注を活用する。設備についても同様である。これは特殊な設備というケースばかりではなく、仮に自社においても稼働率が低く、コストが引き合わないときなどは自社にそのような設備をもたず、外注で対応するということもある。

ウ．適切。よい外注先を選定し、そこで技術力が向上して、希望する作業が品質よく低コストで納期どおりなされるようになれば、発注企業そのものにとっても大きなメリットとなる。そのような企業となるよう外注先を適切に指導すると長期間にわたり良好な関係を保つことができ、企業グループとして発展していく可能性や将来性も拓ける。

エ．適切。グループ力を強化すると、スリムでかつ機動力の高い組織とすることができる。

オ．不適切。受注変動、需要変動の波はつきもので、そのような状況では、リスクマネジメントの一環として投資を抑制し、本体はスリムにしておき、仕事があふれたら外注に出すというコントロールが考えられる。

2●生産計画情報の伝達

テキスト第1章第6節

問題10 解答

H28後

正 解 ウ

ポイント 生産計画情報の伝達及び電子化についての基礎知識を問う。

解 説

ア．適切。工程計画とは工程設計と作業設計とからなる。CAD/CAMシステムより製品、部品、素材に関する設計情報が生成され、工程設計として生産方法、生産順序、使用設備・装置などが決められる。つまり、作業の流れと生産設備の選定が行われる。

イ．適切。生産計画システムはスケジューリング機能を伴うシミュレータとして構築され、意思決定支援に供されるのが近年の動向となっている。

ウ．不適切。個別の部品ごとに追跡管理を行う事をピーストラッキングと呼ぶ。

エ．適切。計画をシステム化すると、①四半期計画、②月間計画、③設備負荷計画、④生産日程計画、⑤原材料手配計画、⑥検査計画、⑦要員計画、⑧設備別段取替え状況、⑨設備別稼働率、等が一連のものとして出てくることである。これにより、計画変更の与える影響等をダイナミックに見ることができ、意思決定支援に活用することができる。

オ．適切。CAD/CAM情報を利用して工程設計が簡単に行えるようになってきた。この方法の便利なところは修正が簡単に行えることである。LAN（Local Area Network）を用いて設計者の設計結果を現場でも容易に検索することができるなど情報共有化もしやすいというメリットがある。

1●工程管理の目的

テキスト第2章第1節

問題 11 解答

H28前

正　解　ア

ポイント　工程管理の目的について、業務内容との関連づけについての理解を問う。

解　説

ア．不適切。密接な関連性がある。関連する業務内容を〈要素別計画⇔作業統制〉の関係で示すと、工数計画⇔余力管理、小日程計画⇔進捗管理、材料計画⇔現品管理などがある。

工程管理の業務構成

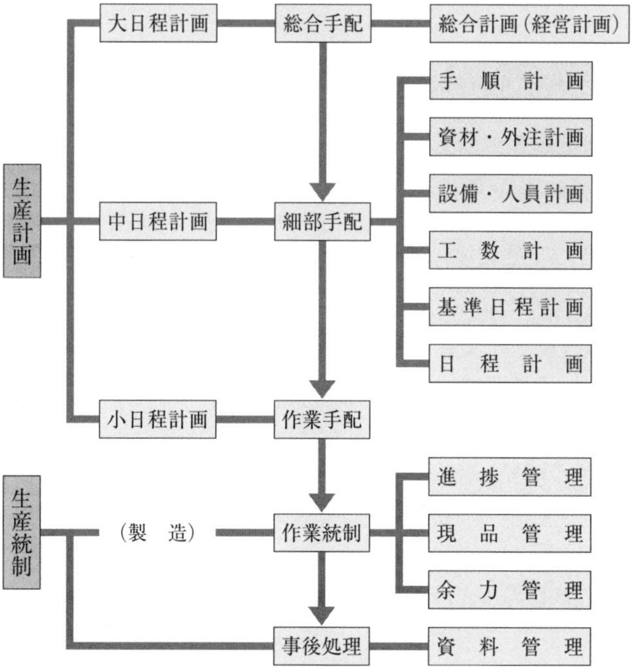

出所：武岡一成「鉱工業専門科目　生産管理」日本マンパワー

イ．適切。基準日程は生産に必要な標準的な生産期間を定めているので、受注納期を決めるとき、活用できる。

ウ．適切。生産期間が受注期間（受注納期）より長い場合には、受注してから生産に着手したのでは、納期までに製品を完成できない。この場合は、生産期間を短縮するか、先行手配（見込調達や見込生産）をする必要がある。

エ．適切。QCDは、顧客の満足を得るための「需要の３要素」ともいわれ、工程管理では、その中でも時間管理に焦点を置いている。つまり「納期の遵守と生産期間（生産リードタイム）の短縮」及び「必要な製造数量の確保」を主要な目的としている。

オ．適切。多種少量生産では、必要最小限の適切な仕掛品を保有することが作業者や設備の手待ちを防止し、稼働率の向上につながる効果をもたらす場合がある。つまり、適度な仕掛品があれば、人や機械の操業度を維持できるので、正確な生産予定が立てられる。

2●工程管理の流れと管理特性

テキスト第２章第１節

問題12 解答

H29前

正解 オ

ポイント 工程管理の流れと管理特性についての基礎知識を問う。

解説

ア．適切。工程管理は、生産計画と生産統制の２つの機能を持っている。受注状況及び需要予測に基づいて販売計画が立てられ、販売計画と生産計画の調整が図られる。そして生産計画に基づいて製造実施をして、生産計画と生産実績との差異を調整するために生産統制をする。

イ．適切。工数とは、製作工程で処理すべき仕事量を表しており、主体作業時間と段取時間との合計である総作業時間のことを指す。工数を表す単位としては、人的労働時間又は機械運転時間の２種類がある。部品や製品１個当たりの製作にかかる基準時間を標準時間と呼ぶ。

ウ．適切。小日程計画は、スケジューリング、短期計画などともいわれ、各工程や各機械、各作業者などを対象にして、１日から10日程度までの期間にわたり製造する個々の製品別に、その製造オーダごとの詳細な作業順序を決定し、それに基づいて具体的な作業手配を行う。

エ．適切。数量は、単に生産量や材料のみを対象とするのではなく、人や機械なども対象となる。

① 生産数量――どこで、何を（製品、部品）、いくつ作るか

② 所要数量――どこへ、何を（素材、部品）、いくつ供給するか

③ 人数、機械台数――どこで、何を（人員、機械）、どれだけ確保するか

オ．不適切。選択肢の記述は工数計画の内容である。

1●生産計画の構造

テキスト第2章第2節

問題13 解答

H28前

正 解 ウ

ポイント 大日程計画、中日程計画、小日程計画のそれぞれの業務内容についての理解を問う。

解 説

ア．不適切。中日程計画に関する内容である。

イ．不適切。小日程計画に関する内容である。

ウ．適切。大日程計画に関する内容である。

エ．不適切。中日程計画に関する内容である。

オ．不適切。中日程計画に関する内容である。

各計画の目的を以下に挙げる。

○大日程計画

①利益目標（売上目標）、販売計画に基づいた基本的な生産計画の確立

②販売計画（営業部門）と生産計画（製造部門）との調整

③適正な操業度（仕事量）の維持

④資材調達の円滑化、所要人員や所要設備などの補充・整備

○中日程計画

①生産品目、生産量、納期の確定と保証

②各職場の生産能力と負荷の調整（仕事量の適正水準の維持）

③所要人員、所要設備の確定

④内製品や外注品の所要量や調達時期の調整

⑤関連業務（出図、金型や治工具など）の手配

○小日程計画

①納期と数量の確保

②日程・生産計画の短縮

③作業者や機械の手待ちの防止

④計画変更（追加注文など）やトラブルによる混乱や遅れの防止

2●大日程計画（期間生産計画）

テキスト第2章第2節

問題 14 解答

H29後

正解 ウ

ポイント 大日程計画についての理解を問う。

解説

ア．不適切。大日程計画は、一般に全工場を対象に、半年から１年先までの計画の立案が行われる。

イ．不適切。この内容は、小日程計画のねらいである。

ウ．適切。大日程計画は、期間生産計画、長期計画とも呼ばれ、半年先や１年先などの長期間にわたる計画を月単位などで、販売計画と調整しながら立案するものである。

エ．不適切。計画に際しては、設備、作業者などはグループ化されたレベルで取り扱われる。

オ．不適切。この内容は、中日程計画で行われることである。

●参考文献

・日本経営工学会編「生産管理用語辞典」日本規格協会　2002

3●中日程計画

テキスト第2章第2節

問題 15 解答

H29前

正解 ア

ポイント 生産計画における中日程計画の内容についての理解を問う。

解説

ア．不適切。中日程計画は、製品別に製造部門のスタッフによって立案される。

イ．適切。特に受注・個別生産では、要素別の計画が重要であり、中日程計画がその中心となる。

ウ．適切。中日程計画の主な目的を以下に示す。

①生産品目、生産量、納期の確定と保証

②各職場の生産能力と負荷の調整（仕事量の適正水準の維持）

③所要人員、所要設備の確定

④内製品や外注品の所要量や調達時期の調整

⑤関連業務（出図、金型や治工具など）の手配

エ．適切。大日程計画によって基本的な生産品種や数量などの期待値の計画が決められ、それに基づいた材料や設備、人員などの総合手配が行われる。

オ．適切。計画のサイクルが月単位であっても、例えば週単位で見直しを行う場合もある。ローリングプラン方式は、見直しを行うタイミングを決めて活動する方式である。

4●小日程計画

テキスト第2章第2節

問題16 解答

H28後

正解　ウ

ポイント　生産計画についての基礎知識を問う。

解説

ア．適切。工数計画とは、生産計画の生産予定表によって求められる製品別の生産量と納期に対して、所定の計画期間（普通は1ヵ月）に、それぞれの製品に対応した職場で、生産する製品別の仕事量（負荷工数）を決定する。

イ．適切。小日程計画は、日程計画、短期計画などともいわれ、一般に各設備や工程､作業者などを対象に1日から10日程度の具体的な計画を立案し、それに基づいて作業手配を行う。

ウ．不適切。作業手配は、生産計画の業務である。

エ．適切。手順計画は、一般には生産技術部門が担当し、製品や部品の設計図及び設計仕様書に基づき、まず、生産システムのハードウェアに相当する工程設計・工程計画（工程編成ということもある）をすることである。

オ．適切。期間の計画として大日程計画、中日程計画、小日程計画があり、要素別の計画として、手順計画、工数計画、材料計画、外注計画、設備計画、人員計画などがある。

2●製品の部品への展開

テキスト第2章第3節

問題 17 解答

H28後

正 解 ウ

ポイント 内外製区分の決定についての基礎知識を問う。

解 説

ア．適切。下記、開発・設計に関わる外注理由の①に該当。

イ．適切。下記、生産活動に関わる外注理由の②に該当。

ウ．不適切。主として内製するための理由である。

エ．適切。下記、生産活動に関わる外注理由の④に該当。

オ．適切。下記、生産活動に関わる外注理由の①に該当。

外製を決定する主な理由を以下に示す。

○生産活動に関わる外注理由

①仕事量が多く社内の生産能力では余力がない。

②少量で小ロット生産のために社内の生産体制を乱したくない。

③自社より納期が短い（自社では目標納期に間に合わない）。

④トラブル時に備えて、調達ソースを複数持っておく。

○開発・設計に関わる外注理由

①外注先に専門的な技術があり、むしろ高品質が得られる。

②生産設備が社内になく、新たな設備投資をするより、外注先に委託したい。

③特殊な作業環境や設備を必要とする場合に、自社規定では危険作業、安全規制上でできない作業がある。

3●最適生産方法の設定

テキスト第2章第3節

問題18 解答

H29前

正解　エ

ポイント　外注管理、外注、購買についての基礎知識を問う。

解説

空欄に入る用語は次のとおり（下記参照)。
A：製品設計、B：内外製、C：機能設定型、D：熟練技能継承

したがって、エが正解。

○製品設計

製品設計とは、製品企画で定めた新しい製品のコンセプトを具体化するために、製品を構成する部品の機能や形状と、それらの部品間の関連を決定することである。

○内外製

部品、構成部品、製品の生産を自社内でするか、外部企業に発注するのかの判断を、「内外製区分の決定」という。

○設備内省化のメリット

一般に、設備内製化のメリットは、①自社のニーズに合った「機能限定型」のローコスト自動化ができること、②自分でつくった機械なのでその後のメンテナンス、改善、機能拡張が比較的容易なこと、③外部の設備メーカーのマージンが高い場合に、その分だけコストが有利なこと、④工機工場を熟練技能の継承の場として利用できること、などである。

●参考文献

・日本経営工学会編「生産管理用語辞典」日本規格協会　2002

1●工数計画と日程計画

テキスト第2章第4節

問題 19 解答

H28前

正解 ウ

ポイント 工数計画と日程計画についての基礎知識を問う。

解説

○工数計画の意義

（A：工数計画）は、生産計画の生産予定表によって求められる製品別の生産量と納期に対して、所定の計画期間に、それぞれの製品に対応した職場で、生産する製品別の（B：負荷工数）を決定する。そしてその（B：負荷工数）に対照させて、同期間の現有の（C：生産能力）を求め、両者の差が最小となるように調整する。両者のバランスが一方に偏した場合、経営的に不利となる。（D：過大負荷）の場合には納期遅れを生じて販売面で不利となり、（E：過小評価）の場合には人や機械の稼働率が低下して、生産面で不利となる。なお、（A：工数計画）による対策だけで対処できない場合には、当初立案した（F：日程計画）を実現可能なものへと変更・調整する必要もある。

したがって、ウが正解。

問題 20 解答

H29後

正解 イ

ポイント 工数についての基礎知識及び専門用語についての理解を問う。

解説

1：手順計画、2：工数低減、3：工数計画、4：工数山積み、5：余力管理、に関する内容である（下記参照）。

したがって、イが正解。

○手順計画

「手順計画」は、製造オーダごとに必要な作業工程を設定し、各工程での作業内容を決めて、作業順序・加工や組立方法・ロットサイズなどを決める。生産技術的な視点から、各品種の製造方法などを検討して、生産性や作業効率の向上と、製造品質の維持を目的とするものである。

○工数低減

製作工程で処理すべき仕事量を表すものが「工数」であり、主体作業時間と段取時間との合計である総作業時間を指す。「工数低減」は、この総作業時間を減少させることである。

○工数計画

生産計画によって決められた製品別の納期と生産量に対して、仕事量を具体的に決定し、それを現有の人や機械の能力と対照して、両者の調整を図ることが「工数計画」である。

○工数山積み法

工数山積み法は、一定期間における工程別・職場別の負荷工数と生産能力を比較することによって、生産能力の過不足の状態を把握する方法の1つ。過不足の状態を簡単に把握することができる。

○余力管理

生産能力を100としたとき、負荷が80とすると、その差の20が余力となる。適正な余力は生産調整時に役に立つ。これらを有効に生かしつつ、作業配分を行うのが余力管理である。

●参考文献

・日本経営工学会編「生産管理用語辞典」日本規格協会　2002

2●負荷（負荷工数）と生産能力の工数換算

テキスト第2章第4節

問題21 解答

H28後

正解 ウ

ポイント 負荷・生産能力表から読み取る問題点とその対策についての理解を問う。

解説

ア．適切。「負荷工数＜生産能力」の対策である。

イ．適切。「負荷工数＜生産能力」の対策である。

ウ．不適切。「負荷工数＞生産能力」の対策である。

エ．適切。「負荷工数＜生産能力」の対策である。

オ．適切。「負荷工数＜生産能力」の対策である。

日程計画の納期が守れ、かつ作業者や機械にムダな余力が出ないように、負荷工数と生産能力をバランスさせるために、日程計画における納期遵守ができる範囲で負荷や能力を調整する対策が必要となる。設問の「負荷・生産能力表」では、負荷工数より生産能力が高いので以下の対策が必要となる。

○「負荷工数＜生産能力」の対策

①製造オーダの投入日時の前倒し

②他職場への応援

③就業時間の短縮

④人員や機械・設備の削減

⑤他部署の仕事の取り込み

⑥外注依頼の作業を内製に切り替え

⑦販売部門へ販売促進を要求

●参考文献

・武岡一成「日本マンパワー養成課程生産管理テキスト」

2●部品展開

テキスト第2章第5節

問題22 解答

H29後

正解 オ

ポイント 製品の部品への展開、及び材料計画についての基礎知識を問う。

解説

ア．不適切。「ストラクチャー型部品表」が正しい。

イ．不適切。「タイムバケットを短くする」が正しい。

ウ．不適切。「逆展開」が正しい。

エ．不適切。「独立需要品目」と「従属需要品目」が逆の関係になっている。

オ．適切。資材所要量計画の成立条件として、基本生産計画の確立、部品構成表の整備、在庫情報の正確性、発注項目の設定、工場暦の確定がある。所要量の計算は販売計画、在庫情報、生産日程計画から計算されるため、基本生産計画は重要な情報となることがわかる。

1●ダイヤグラム

テキスト第2章第6節

問題 23 解答

H28後

正　解　オ

ポイント　ダイヤグラムについての基礎知識を問う。

解　説

ア．適切。PERTにおけるプロジェクトの日程を管理するための仕事の単位を作業（アクティビティ）と呼ぶ。

イ．適切。アローダイヤグラムによりネットワークを表現するときには、以下のようなルールに従う必要がある。

①１つの作業は、それに先行するすべての作業が完成するまで処理を始めることができない。

②１つのアロー（→）は順序関係を示すものであり、その長さには何の意味もない。

③２つの結合点は、１つの作業だけにより直接結ばれている。

④各結合点番号は、１度だけしか使用しない。

⑤結合点番号は、作業が進むほど値が大きくなるように記入する。

⑥ネットワークは、プロジェクト全体の開始結合点と終了結合点をそれぞれ１つしかもたない。

ウ．適切。PERTでは、この作業間の先行関係を図に示すために、→（アロー又はアークと呼ぶ）で作業を、→と→を結び付けるために、○（ノードと呼ぶ）で結合点をそれぞれ表現し、アローダイヤグラムと呼ぶ図表を用いる。

エ．適切。PERTにおけるアクティビティに関する必要最小限の情報である。

オ．不適切。AON（Activity on Node）ではなく、AOA（Activity on Arrow）である。

2●PERT（Program Evaluation and Review Technique）

テキスト第2章第6節

問題24 解答

H29後

正解 ア

ポイント PERTでクリティカルパスを求める方法についての理解を問う。

解説

ア．適切。作業日数：25。最も長い日数がかかり正解。

イ．不適切。作業日数：19

ウ．不適切。作業日数：23

エ．不適切。作業日数：18

オ．不適切。作業日数：14

クリティカルパスとは、ネットワークの開始結合点から終了結合点までを結ぶすべての作業経路の中で、最も長い経路のことである。クリティカルパスは、Ⅰで得られた全余裕時間が0の作業系列として得られる。

問題25 解答

H26前

正解 イ

ポイント PERTの意味、目的を理解しているか確認する。

解説

PERTは、各作業の所要日数と作業順序を把握し、プロジェクトを最短で完了させるために重点となる作業を求める方法である。作業の遅れが発生した場合には、その作業より後ろにある作業への影響を把握することができる（ア）。

よって、プロジェクト全体を短縮するには、クリティカルとなる作業に重点をおき改善することで全体を短縮できる（エ、オ）。また、改善が進むとクリティカルパスが変化する場合も出てくる（ウ）。日程に余裕のある作業を改善しても、全体の短縮には結び付かない（イ）。

したがって、イが正解。

●参考文献

・「生産システムの計画と運用部門　中級」

・「生産計画（加工型、組立型）ユニット」

1●生産プロセスの構造

テキスト第3章第1節

問題26 解答

H29後

正 解 ウ

ポイント 生産プロセスについての理解を問う。

解 説

Aは支援行程。各工程の遂行のため、用役を供給・回収したり、生じた不要な有害物を処理する。よって、②の内容である。

Bは準備工程。主に原材料の輸送・粉砕・ふるい分け・練和・混合・溶解・濃度調整などを主工程で処理しやすいように加えられる単位操作で構成される。よって、④の内容である。

Cは反応工程。当な反応時間を経て反応生成物・未反応物・副生成物の混合したものが得られる。よって、①の内容である。

Dは分離・精製工程。混合した生成物から不純物を取り除き、製品として分離・精製する。よって、③の内容である。

したがって、ウが正解。

3●連続生産とバッチ生産

テキスト第３章第１節

問題27 解答

H28後

正　解　エ

ポイント　連続生産とバッチ生産の長・短の特徴についての理解を問う。

解　説

ア．適切。下記「連続生産」③に該当。

イ．適切。下記「連続生産」②、④に該当。

ウ．適切。下記「連続生産」⑤に該当。

エ．不適切。バッチ生産では一般的にバッチ毎の品質のバラツキが多く、ロット管理が必要な場合が多い。

オ．適切。下記「バッチ生産」②、⑤に該当。

「連続生産」とは、一方から投入された原料が装置の中などを移動しながら連続処理が進められ、他方から取り出されるフロータイプ。特徴は次のとおりである。

①原料の供給と製品の排出が連続である。

②定常運転時は装置の運転条件（温度、圧力、流量）が一定である。

③大規模（少種多量）生産に適する。

④自動化に比較的適している。

⑤スタートや停止時にトラブルが多いが、定常運転時は少ない。

「バッチ生産」とは、装置などに原料を投入して連続処理を進め、そこから製品を取り出して、またそこへ原料の投入を繰り返すバッチタイプの生産。特徴は次のとおりである。

①原料の供給から製品の排出までを１サイクルとして繰り返し生産する。

②常に非定常な状態である。

③多種少量生産に向いている。

④自動化が容易ではない。

⑤人との関わりが多く、操作ミスを起こしやすい。

4●プロセスシミュレーション

テキスト第3章第1節

問題 28 解答

H29前

正 解 イ

ポイント プロセスシミュレーションにおけるダイナミックシミュレータの使用についての基礎知識を問う。

解 説

ア．適切。

イ．不適切。プロセスシミュレーションは、物性（物質の性質）データと現象の数式モデルを利用して、計算機上で対象プロセスをシミュレートすることにより、その設計や運転方法についての検討を実施することである。したがって、一般に各機器・装置の保守性を確認する目的で用いられるわけではない。

ウ．適切。

エ．適切。

オ．適切。

ア、ウ、エ、オは、ダイナミックシミュレータが使用される場合である。

●参考文献

・株式会社オメガシミュレーション　ダイナミックシミュレータ解説

1●マテリアルバランスの考え方

テキスト第3章第2節

問題 29 解答

H29後

正　解　オ

ポイント　マテリアルバランスについての理解を問う。

解　説

ア．不適切。下記より、水のINPUTは1,080kgである。

イ．不適切。下記より、原材料のINPUTは720kgである。

ウ．不適切。下記より、製品Aに含まれる水分は180kgである。

エ．不適切。下記より、製品Aの産出量は900kgであり、原材料（720kg）より多い。

オ．適切。下記より、このプロセスにより水900kgと製品A900kgが産出される。

水と原材料を合わせたINPUT全体をX、製品をYとする。

全体のバランス　$X = 900 + Y$

水のバランス　$0.6X = 900 + 0.2Y$

これを解くと、$X = 1{,}800$、$Y = 900$となる。

INPUT　原材料：720kg、水：1,080kg

OUTPUT　水（排出物）：900kg、製品：900kg（原材料720kg＋水180kg）

2●マテリアルバランスの計算方法

テキスト第3章第2節

問題30 解答

H29前

正解 オ

ポイント マテリアルバランスの考え方についての理解を問う。

解説

ア．適切。反応槽出口の流量＝（1,000＋5,000＋800）＝6,800kg/時間

イ．適切。製品Xの生成量＝（1,000＋5,000＋800）×0.2＝1,360kg/時間

ウ．適切。反応で製品Xに転化した原料Aの量＝1,360×1/1.6＝850kg/時間

エ．適切。反応で製品Xに転化した原料Bの量＝1,360×0.6/1.6＝510kg/時間

オ．不適切。原料Aの転化率＝（1,360/1.6）/1,000＝85％

1●エネルギー管理の考え方

テキスト第3章第3節

問題31 解答

H28後

正解 オ

ポイント 日常の適切なエネルギー管理についての理解を問う。

解説

ア．適切。排煙中の空気過剰率は燃焼状態のバロメータである。

イ．適切。廃熱の回収により排水の温度を下げることができる。

ウ．適切。圧縮機の不適切な使用を発見できる。

エ．適切。冷却水の使用後の温度の測定により、冷却の合理化が可能となる。

オ．不適切。直接的にはエネルギーとは関係しない。

エネルギーの合理的な使用を考える場合、以下は重要なポイントであり、日常の運転管理の中で評価の方法を工夫して管理することが求められる。

①燃料の燃焼の合理化

②加熱、冷却、伝熱の合理化

③廃熱の回収利用

④熱の動力等への変換の合理化

⑤放射、伝導、抵抗等によるエネルギーの損失の防止

⑥電気の動力、熱等への変換の合理化

2● ヒートバランスの計算方法

テキスト第3章第3節

問題 32 解答

H29後

正　解　ア

ポイント　エネルギー管理についての基礎知識を問う。

解　説

ア．不適切。ヒートバランスは、「エンタルピー＝重量×比熱×基準温度からの温度差」で求められ、出し入れのバランスをとる。出入りが合わないときには、相の変化に伴う潜熱を考慮し再チェックする。

イ．適切。例えば、蒸気は圧力によって温度や潜熱が異なる。

ウ．適切。コジェネレーションシステムは、廃熱を回収利用する方法の1つである。

エ．適切。領域に流出入する総エネルギーは常に一定に保たれる。

オ．適切。マテリアルバランスにより原料や材料の原単位が決まるのに対して、ヒートバランスは電力や蒸気、冷却水などの用役の原単位を算出するのに用いられる。

ヒートバランスの考え方そのものは、基本的にマテリアルバランスと同じである。

マテリアルバランス（物質収支）は、プロセス上のユニットにおける物質の出入りに、質量保存の法則が適用されるという考え方であるが、エネルギーも保存される。つまり、エネルギーはいろいろな形態をとるが、領域を決めて領域に流出入する総エネルギーはつねに一定に保たれるという法則（熱力学第一法則）である。

●参考文献

・林 順一、堀川俊英「ビギナーズ化学工学」（株）化学同人（第1版） 2013

問題 33 解答

H28前

正解 エ

ポイント プロセス管理の基本となる物質収支・熱収支についての理解を問う。

解説

凝縮器で除熱される熱量は、潜熱分と顕熱分である。

潜熱分＝15×1,000×80kcal＝1,200×1,000（kcal）

顕熱分＝15×1,000×0.5×(130－80)＝375×1,000（kcal）

総除熱量＝潜熱分＋顕熱分＝1,575×1,000（kcal）

冷却水は総除熱量により

45×1,000×(t－20)×1.0＝1,575×1,000（kcal）

t＝20＋1,575÷45＝20＋35＝55（℃）

したがって、エが正解。

1●生産計画の展開

テキスト第3章第4節

問題 34 解答

H28後

正　解　エ

ポイント　プロセス型企業における生産計画の展開についての理解を問う。

解　説

ア．適切。下記、月次計画、日時計画に該当。

イ．適切。下記、長期計画に該当。

ウ．適切。下記、月次計画に該当。

エ．不適切。自己資本の増強、借入金の削減といった財務体質の強化策は、長期視点に立って立案・推進する必要があり、長期計画で行われる。

オ．適切。下記、月次計画に該当。

長期計画から日次計画まで、以下のような計画を作成する。

○長期計画（3～5年）

各部で作成される長期目標を総合し、各部と調整しながら、経営計画部などの経営企画部門で全社的な長期計画を作成する。新規製品や技術の導入計画、原材料の調達など長期的な課題を検討するとともに、売上高、利益、財務体質等の長期目標の達成を図る。通常は毎年見直し、修正を加える。

○年間計画（1年）

年間計画は、長期計画の初年度という位置づけで、販売計画・資金計画・設備計画等について関係部門との調整を図り、具体的な実行予算を作成する。

○月次計画（3ヵ月計画、毎月ローリングプラン）

年間計画に基づいて、月次計画を3ヵ月間のローリングプランで作成する。現在及び過去の処置とも整合性があり、かつ、途中で発生する社内外の状況変化や環境変化による要求を組み入れ、修正しながら進める。この段階では、販売計画、原材料調達、設備計画などが具体的な実施ベースになってくる。

○日次計画（当月計画を展開）

当月計画の達成を目指して、販売状況、設備の余力、原料や製品の在庫状況、蒸気・電力などのユーティリティの制約等を考慮しながら日次計画に展開する。日次計画は実施の段階で常に変動が現れる。計画の変更がやむを得ない場合には、その影響が最小限になるように日次計画を都度、調整しなければならない。

4●品種切替生産とロットサイズ

テキスト第3章第4節

問題 35 解答

H29後

正　解　ウ

ポイント　経済的な製造ロットサイズ設定についての基礎知識を問う。

解　説

最も経済的な製造ロットサイズは、製品単位当たりの切替費用と在庫保管費用の総和を最小とするものである。従って、ＡとＤを考慮すべきである。

したがって、ウが正解。

5●生産計画の変更とその対応

テキスト第3章第4節

問題 36 解答

H29前

正　解　オ

ポイント　プロセス型生産の工場における生産変更対応についての理解を問う。

解　説

ア．不適切。c－①が不適切。原材料の不足の直接的な対応となっていない。

イ．不適切。d－②が不適切。電力は近隣各社からでないと融通を受けられない。

ウ．不適切。a－④が不適切。近隣各社で同じ製品を生産しているとは限らない。

エ．不適切。d－②が不適切。電力は近隣各社からでないと融通を受けられない。

オ．適切。a－①、b－③、c－②、d－④が正解。

6●プロダクトミックス

テキスト第3章第4節

問題37 解答

H28後

正解 ウ

ポイント プロダクトミックスの考え方についての理解を問う。

解説

プロダクトミックスは、生産のための資源に制約がある中で複数製品を生産する場合に、全体利益が最大になるようにそれぞれの生産量を決定する手法である。

ア．不適切。経済的に無駄のないコストミニマムの運転条件の設定についての内容である。
イ．不適切。経済的に最適な製造ロットサイズの選択についての内容である。
ウ．適切。利益率が異なる複数の製品を制約条件下で生産する場合に適用される。
エ．不適切。制約条件の改善対策とその効果の検討についての内容である。
オ．不適切。生産高が最大になることと経済的な最適とは必ずしも一致しない。

2●原材料・プロセス・製品の管理

テキスト第3章第5節

問題38 解答

H29前

正解 ア

ポイント プロセス型生産における原材料・プロセス・製品の管理についての理解を問う。

解説

ア．不適切。プロセス型生産は設備に依存しており、運転員の作業分析・改善は工程管理としては他の選択肢と比べ重要度は低い。

イ．適切。プロセスのうち「設備」の管理として重要である。

ウ．適切。プロセスのうち「モノ・技術」の管理として重要である。

エ．適切。プロセスのうち「モノ・技術」の管理として重要である。

オ．適切。アウトプットとしての製品の品質管理として重要である。

3●作業標準とオペレーションマニュアル

テキスト第3章第5節

問題39 解答

H28前

正　解　ア

ポイント　プラントの工程管理、オペレーションマニュアルについての理解を問う。

解　説

ア．適切。

イ．不適切。（ａ：在庫管理方法）以外は適切。取扱物質の運搬方法や保管方法をマニュアルに記載することは必要であるが、在庫管理は一般的に生産管理部門が行う業務である。よって、プラント操作員のマニュアルに在庫管理方法を記載する必要はない。

ウ．不適切。（ａ:廃棄手続）と（ｂ:設備簿価一覧リスト）は、オペレーションマニュアルに含む内容として適当とはいえない。

エ．不適切。（ｄ：操作員の勤務管理手続）は、オペレーションマニュアルに含む内容として適当とはいえない。

オ．不適切。（ａ:購入手続）以外は適切。取扱物質の購入手続をオペレーションマニュアルに記載する必要はなく、資材調達に関する規程・要領等に記載すべき内容である。

問題40 解答

H28後

正　解　イ

ポイント　工程管理における標準作業書についての理解を問う。

解　説

ア．適切。作業方法の内容には、始動時・正常時・停止時・サンプリング・分析・パトロールなどがある。

イ．不適切。プロセス型企業の工程の負荷平準化は、各工程の設備能力と生産量に基づき行われる。

ウ．適切。プロセスの改良とともに、「標準作業書」の改正が図られる。

エ．適切。「作業標準書」は「作業指導書」ともいわれ、教育訓練でも用いられる。

オ．適切。「作業標準書」にはトラブルシュートや緊急操作法などの情報が加えられ、ノウハウを蓄積していくことが大切である。

1●工程編成の意義

テキスト第4章第1節

問題 41 解答

H29前

正解 オ

ポイント 工程編成の方法や用語についての理解を問う。

解説

ア．不適切。工程間の仕掛量（在庫）の最小化が目標となる。

イ．不適切。工程設計→作業設計→物流設計→レイアウト設計の順に行う。

ウ．不適切。ライン編成（製品別編成）の説明である。

エ．不適切。マンマシンチャートの説明である。

オ．適切。グループ編成は多種少量生産に多く採用される工程編成で、同種又は類似の機能を有する機械・設備、又は職場（専門作業別）を、グループとしてまとめて設置する編成方法である。

1●ラインの基本要素

テキスト第4章第2節

問題42 解答

H28前

正 解 オ

ポイント ライン編成についての基礎知識を問う。

解 説

ア．適切。一般に、ネックタイムはサイクルタイムを超えることはない。

イ．適切。サイクルタイムとは、「生産ラインに資材を投入する時間間隔」であり、ラインの最終工程から完成品が送り出される時間間隔を規定する。

ウ．適切。編成効率＝総作業時間÷（ネックタイム×工程数）

エ．適切。バランスロス＝各工程の手待ち時間の合計÷（ネックタイム×工程数）

オ．不適切。総作業時間に対する手待ち時間の合計の割合を組余裕率といい、次式で求められる。

組余裕率＝各工程の手待ち時間の合計÷総作業時間

2●ラインバランシング

テキスト第4章第2節

問題 43 解答

H29後

正解 ウ

ポイント ライン編成時に考慮する作業の組合せについての理解を問う。

解説

ア．適切。難しい作業が特定の作業者に集中すると、その作業者の負荷が増え、作業者間でのバランスがとれなくなる。

イ．適切。同一箇所への作業を同じ工程に集めることで、作業の効率化が図れる。

ウ．不適切。同じ工程に集め、数を少なくして稼働率を高める。

エ．適切。同じ種類の作業を同じ工程に集めることにより、作業者の専門化が図られ、作業効率の向上に結び付く。

オ．適切。重作業が特定の作業者に集中すると、上記アと同様の状況が発生する。

5●ラインの運営

テキスト第4章第2節

問題 44 解答

H29前

正　解　ウ

ポイント　ラインの運営についての理解を問う。

解　説

A：ロット供給方式

部品を所定のロット単位でラインサイド又は作業者の手元へ供給する方式である。この方式にはラインサイド供給方式と循環供給方式がある。

B：マーシャリング方式

必要部品一式をセットにして供給専用のコンベヤで、作業コンベヤと同調させて各工程の手元まで部品を供給する。部品を1個又はセットで供給する。部品数や工程数が多く、部品が大物の場合に適している。

C：循環供給方式

部品供給と貯蔵を兼ねた循環型コンベヤ（トロリー又は台車コンベヤ、ターンテーブルなど）で、部品を常時循環させながら供給するもので、作業者は作業に必要な部品を取って作業する。この方式は多量生産でのサブラインからメインラインへの供給にも適している。

D：セット方式

この方式は中・小物部品に適しており、小物の場合にはロット単位の供給が容易で、多種少量生産に適した供給方式である。

したがって、ウが正解。

3●フレキシブル生産方式

テキスト第4章第3節

問題45 解答

H28後

正 解 ウ

ポイント FMS（Flexible Manufacturing System）の機能と特徴についての理解を問う。

解 説

ア．適切。「倉庫機能」は製品などの貯蔵をするライン外のストレージエリアと、ライン内の緩衝エリアなどと、工具管理システムと自動供給、工具研磨などから構成されている。

イ．適切。「加工機能」は、MC、NC（Numerical Control＝数値制御）工作機械群などによる機械加工、組立、板金、鋳造など各種の製造及び対象物の検査、洗浄などから構成されている。

ウ．不適切。CADとの連結はできるがFMSの基本機能ではない。

エ．適切。「物流機能」は、加工対象物や工具、切削屑など製造に必要な物を段取・着脱・移動させる産業用ロボットや、それらを運搬する各種自動搬送機から構成されている。

オ．適切。「ソフト機能」は、中央コンピュータで機械群などを制御する生産制御ソフトウェアを中核に、長期生産計画から末端までの階層別の制御を行う総合ソフトウェアから構成されている。

3●SLPの手順のパターン

テキスト第4章第5節

問題46 解答

H25後

正解　エ

ポイント　P－Q分析の手順についての理解を問う。

解説

ア．適切。SLPでは、あらゆるレイアウトの問題には、製品（何を生産するか）と量（どれだけ生産するか）が基本的要素である、と記されている。

イ．適切。種々の製品、材料あるいは品目を区分又は群分けする。この区分又は群ごとに含まれる量を計算することになる。

ウ．適切。どのような品目又は品種でも、Pを決めるうえで実際の数量を用いる。

エ．不適切。横軸に製品グループ（P）、縦軸に生産量（Q）をとり、生産量の大きい順に並べてプロットする。

オ．適切。数量は、部品の数、重さ、容積のほうが金額よりもよいとされており、測定の単位は会社の記録で用いている単位によるとよい。

●参考文献

・リチャード・ミューサー著、十時昌訳「工場レイアウトの技術」（第1版）日本能率協会マネジメントセンター　1964

1●運搬の考え方

テキスト第４章第６節

問題 47 解答

H29後

正　解　ウ

ポイント　運搬管理についてマテリアルハンドリング（MH）についての理解を問う。

解　説

MHは、（A：顕在的運搬）と（B：潜在的運搬）の２種類の動作を統合している。

顕在的運搬は、品物の位置の（C：移動）をいう。

工場における運搬は、（D：取扱）→移動→取扱で構成されている。

物の移動距離・時間は（E：レイアウト）と密接な関連がある。

したがって、ウが正解。

2●運搬の合理化

テキスト第4章第6節

問題48 解答

H29前

正　解　エ

ポイント　運搬の合理化の基礎知識を問う。

解　説

ア．適切。空移動は別名カラ運搬と呼ばれ、ムダな動きとして排除される。

イ．適切。ユニットロードは多種多様な製品の荷姿（形状）、重量、容積などを統一することによって、運搬機器・装置の有効利用を図り、運搬そのものを合理化する考え方である。

ウ．適切。運搬の改善は、単に直接的な労力の節約のみではなく、直接工や機械類などの稼働率の向上についても考えなければならない。それには、直接工の運搬を減らすための、運搬の専門化が必要である。

エ．不適切。運搬のつなぎ目での積み替えや載せ替えをつなぎ運搬と呼ぶ。

オ．適切。置かれているモノの運び出しやすさ、動かしやすさを活性（又は運搬活性）という。バラ置きのモノを移動する場合には、①まとめる（容器に入れたり、束ねたりして移動できる単位にまとめる）、②起こす（モノを浮かして持ち上げやすくする）、③持ち上げる、④移動する（人手や運搬車で移動を始める）、という4つの手間を必要とする。

1●設備管理の意義と体系

テキスト第4章第7節

問題49 解答

H29後

正解 エ

ポイント 設備管理における保全の考え方についての理解を問う。

解説

（A：予防保全）とは、故障はまだしていないが事前に保全する方法で、これには時間計画保全と（B：状態監視保全）などがある。

（C：定期保全）とは、予定の時間間隔で行う予防保全で、一般に比較的安いユニットを定期的に一斉に保全・交換する。

したがって、エが正解。

2●故障・劣化と保全

テキスト第4章第7節

問題 50 解答

H25後

正 解 エ

ポイント 最適保全周期についての基礎知識を問う。

解 説

ア．適切。保全周期は、部品の寿命が定められていると、その寿命が来る前に取り替えなどをすることである。

イ．適切。保全周期は時間計画保全と状態監視保全によって異なるが、いずれも設備の劣化傾向を設備の診断技術などによって管理し、故障に至る前の最適な時期に最善の対策を行うことになる。

ウ．適切。保全周期は最適なものを決めなければならないが、故障の発生率や多数の部品の構成などが絡み合って、系全体の最適保全周期の決定はかなり難しいもので、各種研究がなされている。

エ．不適切。偶発故障期の場合は､いつ設備故障が起きるか分からないため、定期的に等間隔周期で保全するのが一般的である。

オ．適切。一般的に、頻繁に保全を行うと設備劣化による機会損失は低くて済むが、保全費はかかる。逆に、保全の間隔を長くとると保全費は減るが、設備劣化による機会損失は大きくなる。つまり、修理の周期が短いと劣化損失費は小さく、逆に修理頻度が多いので修理費は大きくなる。

ビジネス・キャリア®
検定試験
過去問題集 解説付き
BUSINESS CAREER

生産管理 プランニング 2級

● 共通問題

生産管理プランニング 2級

共通問題

ビジネス・キャリア®検定試験
過去問題編

1●品質の計画

テキスト第1章第1節

問題 1

H28後

品質管理の考え方に関する記述として最も不適切なものは、次のうちどれか。

ア．品質管理の目的には、品物やサービスの品質の向上だけでなく、経済性を考慮することも含まれる。
イ．品質管理の基本的な考え方は、不適合品を流出させないための検査体制の構築と検査を厳重に行うことである。
ウ．品質管理は、生産の目的の１つである品質を達成するために、その手段である人・設備・材料・方法などを設計し、運用していくことである。
エ．品質管理とは、顧客の要求に合った品質の品物やサービスを提供するために、管理のサイクルを回す一連の活動のことをいう。
オ．品質管理における品質は、生産者が一方的に決定するものではなく、顧客志向の考え方に基づく使用目的を満たしているかが重要である。

解答●p.276

問題 2

H27後

品質の分類に関する記述として不適切なものは、次のうちどれか。

ア．適合品質は、製品のバラツキを考慮して設定する。
イ．要求品質は、マーケットに適した品質を把握して設定する。
ウ．社会的品質は、環境、安全等への影響を考慮した品質である。
エ．設計品質は、自社内の技術、設備能力、コスト等を考慮して設定する。
オ．製造品質は、製造完了後の検査で設定され、「ねらいの品質」と呼ばれている。

解答●p.276

2●品質の作り込み

テキスト第1章第1節

問題 3

H29前

品質に関する記述として不適切なものは、次のうちどれか。

ア．品質コストは、直接的・間接的に、不適合品を作ることに伴うコストという考え方で、その総和が最小となるように計画する。

イ．設計品質とは、生産する品質目標をどこに置くかを決めることである。

ウ．設計品質では、要求品質を満たすとともに、製造コストを下げることも重要である。

エ．製造品質では、設計品質で提示された「ねらいの品質」のレベルをより高めることが要求される。

オ．製造品質の品質レベルの向上では、品質特性のバラツキを減少させることが重要である。

解答●p.278

1●統計的手法

テキスト第1章第2節

問題 4

H28前

収集するデータに関する記述として不適切なものは、次のうちどれか。

ア．母集団から標本を抜き取り、データを収集するのは、抜き取った標本の合否を判定し、手直しをするなど、標本に対して処置を行うことが主な目的である。

イ．長さ、温度、重さなどのデータは計量値と呼ばれ、ある区間内の任意の値を取り得る連続確率変数で表される。

ウ．事故数、不適合品数、件数などのデータは計数値と呼ばれ、個数として数えられる値であり、離散確率変数で表される。

エ．計量値データの中心位置やバラツキの状態を分布といい、分布を視覚的に把握するためにヒストグラムが用いられる。

オ．品質特性値には計量値データと計数値データがあり、計数値データの代表的な確率分布には、二項分布やポアソン分布がある。

解答●p.279

2●統計的手法と改善

テキスト第1章第2節

問題 5

H28後

C_p値（工程能力指数）に関する記述として適切なものは、次のうちどれか。

ア．C_p値は、工程のバラツキ（散布度）を規格幅で除して求める。
イ．C_p値が0.7の場合は、工程が管理状態である。
ウ．C_p値が1.0の場合は、不適合品は発生しない。
エ．C_p値が1.6の場合は、現状の管理を維持する。
オ．C_p値が2.0の場合は、全数検査を実施する必要がある。

解答●p.280

問題 6

H26後

工程能力に関する記述において（　　）の中に入る語句及び数値の組合せとして正しいものは、次のうちどれか。

　ある製品の製品寸法は、平均50mm、標準偏差0.1mmであった。製品の下限規格値が49.67mm、上限規格値が50.33mmとすると、この工程の工程能力指数は（　A　）であり、工程能力は（　B　）と判定される。

ア．A：2.20　　B：十分ある
イ．A：0.91　　B：規格に対して余裕がそれほどない
ウ．A：0.91　　B：不足している
エ．A：1.10　　B：規格に対して余裕がそれほどない
オ．A：1.10　　B：不足している

解答●p.280

5●信頼性

テキスト第1章第2節

問題 7

H29後

以下のような要素で構成されているシステムの信頼度として正しいものは、次のうちどれか。

ただし、Pr（A)、Pr（B)、Pr（C)、Pr（D）は各要素の信頼度を表しており、計算結果は小数第3位を四捨五入している。

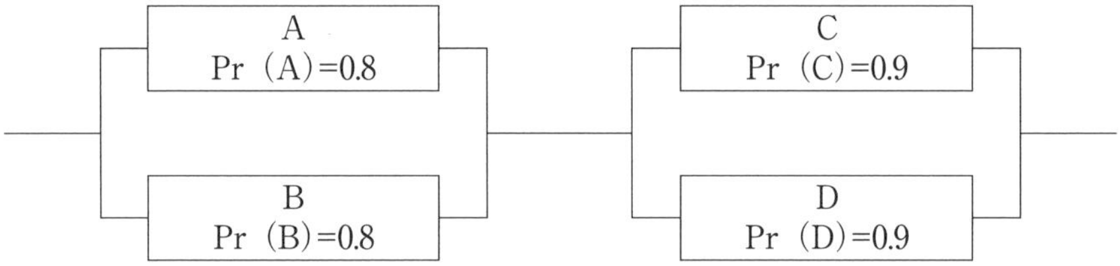

ア．0.07

イ．0.48

ウ．0.52

エ．0.55

オ．0.95

解答●p.281

1●検査の目的と種類

テキスト第1章第3節

問題 8

H28前

検査に関する記述として適切なものは、次のうちどれか。

ア．目視による全数検査によって、全製品は適合品であることが完全に保証される。
イ．抜取検査は、確率的に不適合品の混入を容認する方式である。
ウ．官能検査は、自動検査機よりも不適合品の検出力が高い。
エ．検査費用の削減や顧客への品質保証の観点から、完成品に近い最終工程での検査を重点的に実施することが重要である。
オ．破壊検査は、一般に全数検査の検査方法として適用される。

解答●p.282

1●管理図の目的と種類

テキスト第1章第4節

問題 9

H28前

管理図の記述として不適切なものは、次のうちどれか。

ア．管理図では、管理状態である製造工程における製品の品質特性のバラツキは「避けられない変動」として扱う。

イ．管理図では、生産の４Ｍなどの変化に伴う製品の品質特性のバラツキは「避けられる変動」として扱う。

ウ．管理図における管理限界線は、製品の適合、不適合を判定するために設定される。

エ．管理図における管理限界線は、統計的な分布を用いて設定され、$\bar{x}-R$ 管理図の場合は正規分布が用いられる。

オ．管理図における「避けられない変動」は、管理できないさまざまな要因が確率的に作用することに起因する。

解答●p.283

2●管理図の原理（3σ法）

テキスト第1章第4節

問題 10

H29前

管理図に関する記述として適切なものは、次のうちどれか。

ア．不適合品率のような「低い値が良い」という特性値の場合、下方管理限界線（LCL）は必要ない。

イ．管理限界の値は、統計的に求めることもあるが、一般的には規格値を基にして決められる。

ウ．管理限界線（UCLとLCL）は、管理の基準となるものであることから、一度決めたら変えてはいけない。

エ．管理図で取り上げる管理特性値とは、工程に異常が発生したとき、あまり影響を受けないものがよい。

オ．管理図では、「避けられない変動」と「避けられる変動」を3σ限界の考え方を用いて検出する。

解答●p.284

1●社内標準化の意義

テキスト第1章第5節

問題 11

H29前

社内標準に関する記述として最も不適切なものは、次のうちどれか。

ア．標準化は、繰り返しの多いもの、系列化ができるものから優先的に取り組むと、効果が大きい。

イ．標準文書は、使用する者にとって理解しやすく、その内容がきちんと伝えられ、利用しやすく、かつ、維持管理しやすいものとする。

ウ．標準化は、複数の者が関与するもの、重点的に管理を要するものから、優先的に取り組む。

エ．社内標準化を行う場合には、社内独自の規格により、標準化を進めるべきである。

オ．社内標準化を円滑かつ効果的に進めるためには、そのための組織づくりと体制の確立が大切である。

解答●p.285

問題 12

H29後

標準化に関する記述として不適切なものは、次のうちどれか。

ア．社内標準化は、上位レベルの規格を遵守した社内規格を制定し運用する。

イ．JISやJASの国家規格は、生産者の生産性向上を第一の目的としている。

ウ．標準化により守るべき基準を制定し、人間の生命や安全を確保する。

エ．社内規格は、JISだけでなくISOへの調和も求められる。

オ．ISO9001の品質マネジメントシステムに、社内標準の要求事項が示されている。

解答●p.285

1●標準原価計算

テキスト第2章第2節

問題 13

H29前

標準原価計算の実施において必要な活動として最も不適切なものは、次のうちどれか。

ア．実際原価の計算
イ．原価標準の設定
ウ．標準原価の計算
エ．原価差異の計算
オ．機会原価の計算

解答●p.287

1●原価企画の意義

テキスト第2章第3節

問題 14

H29前

原価企画活動の目的に関する項目として最も適切なものは、次のうちどれか。

ア．成行原価の設定
イ．実際原価の維持
ウ．資金計画の作成
エ．財務諸表の作成
オ．利益の作り込み

解答●p.288

2●原価企画活動とステップ

テキスト第2章第3節

問題 15

H28後

製品開発の＜ステップ名称＞と、そこで行われる原価企画の＜活動内容＞に該当するものの組合せとして不適切なものは、次のうちどれか。

	＜ステップ名称＞		＜活動内容＞
ア.	企　　画	—	目標原価の設定
イ.	基本設計	—	ファーストルックVEの実施
ウ.	詳細設計	—	標準原価の設定
エ.	生産準備	—	標準原価と実際原価の比較
オ.	初期流動	—	セカンドルックVEの実施

解答●p.289

3●目標原価

テキスト第2章第3節

問題 16

H28前

目標原価と見積原価との差異に関する記述として適切なものは、次のうちどれか。

ア．量産段階に入る前までに解消しておく。
イ．設計段階では、原価要素別に把握する必要はない。
ウ．実質的に標準原価差異と同じ意味合いを持つ。
エ．実際原価計算を実施することによって把握される。
オ．図面ができ上がったときに、一度把握すればよい。

解答●p.290

4●原価見積もり

テキスト第2章第3節

問題 17

H27前

見積原価計算（原価見積）に関する記述として適切なものは、次のうちどれか。

ア．たとえ製品企画段階における概算であっても実施する。

イ．どの原価企画活動のステップにおいても、実際原価計算と同様の手続きに従って実施する。

ウ．見積原価差異を生じさせないためにも、原価企画活動の各ステップにおいて、可能な限り手間をかけて実施する。

エ．コストテーブルによると不正確になるため、これを極力用いないように実施する。

オ．管理上必要な原価の構成要素ではなく、「原価計算基準」で認められている全部製造原価を見積り内容として実施する。

解答●p.291

1●コストテーブルの重要性と種類

テキスト第2章第4節

問題 18

H29前

原価企画におけるコストテーブルの利用目的に関する記述として適切なものは、次のうちどれか。

ア．材料・部品・製品などの目標原価の算定には用いない。
イ．企業外部からの調達品の価格交渉には用いない。
ウ．機能などの実体のないものの評価には用いない。
エ．材料・部品・製品などの原価や価格の予測には用いない。
オ．最適な工程・機械設備・治工具・作業方法の選定に用いる。

解答●p.292

2●コストテーブルの作成

テキスト第2章第4節

問題 19

H28後

コストテーブルの作成に関する記述として最も適切なものは、次のうちどれか。

ア．コストテーブルには、すべての材料費に関連するデータを記録しなければならない。

イ．コストテーブルには、加工費に関連するデータを記録することはできない。

ウ．情報共有を促進するために、コストテーブルのデータに誰でもアクセスできるようにしておくことが望ましい。

エ．コストテーブルのデータを分類するための項目は変更できない。

オ．コストテーブルのデータは常に最新であることが望ましい。

解答●p.293

1●全部原価計算

テキスト第２章第５節

問題 20

H29前

全部原価計算に関する記述として適切なものは、次のうちどれか。

ア．全部原価計算では、仕掛品の原価に期間原価が含まれる。
イ．全部原価計算では、原価を変動費と固定費に分解し、変動費のみで製造原価を求める。
ウ．全部原価計算では、製造間接費の配賦は行わず製造原価を求める。
エ．全部原価計算では、原価を変動費と固定費に分解し、固定費のみで製造原価を求める。
オ．全部原価計算における製造原価には、変動費も固定費も含まれていない。

解答●p.294

1●損益分岐点、限界利益

テキスト第2章第6節

問題 21

H28後

以下に示す＜条件＞を踏まえ、次年度の利益計画を設定する場合、次年度の損益分岐点売上高として適切なものは、次のうちどれか。
ただし、損益分岐点売上高の金額に円位未満の端数が生じる場合には、小数点以下第１位を四捨五入するものとする。

＜条件＞

1．当年度に関する情報は、以下のとおりである。

（１）販売価格（製品１単位当たり）		1,600円
（２）販売数量（年間）		7,000単位
（３）変 動 費（製品１単位当たり）		
	製造原価	1,120円
	販 売 費	160円
（４）固 定 費（年間）		
	製造原価	500,000円
	販売費及び一般管理費	900,000円

2．次年度は、変動費が製品１単位当たり2.5％増加し、固定費が年間238,000円増加すると予測される。

ア．2,612,389円
イ．7,000,000円
ウ．7,777,778円
エ．8,190,000円
オ．9,100,000円

解答●p.295

2●原価要素別の原価低減

テキスト第2章第7節

問題 22

H27後

固定費の原価低減に関する記述として適切なものは、次のうちどれか。

ア．減価償却費、固定資産税のような固定費は、中長期経営計画で管理する。
イ．減価償却費、固定資産税のような固定費は、原価企画で管理する。
ウ．広告宣伝費、交際費のような固定費は、資本予算で管理する。
エ．広告宣伝費、交際費のような固定費は、変動予算で管理する。
オ．動力費、修繕費のような固定費は、VA（Value Analysis）で管理する。

解答●p.296

3●ABC ／ ABM

テキスト第2章第7節

問題 23

H29後

以下に示す表1及び表2に基づいた場合、ABC（活動基準原価計算）による製品A及びBの製造原価の組合せとして正しいものは、次のうちどれか。

表1

区分	製品A	製品B
製造・販売量	2,000単位	3,000単位
直接材料費	240円/単位	250円/単位
直接労務費	120円/単位	150円/単位
直接作業時間	3時間/単位	5時間/単位
機械運転時間	2,500時間	1,500時間
段取回数	80回	70回
品質検査回数	270回	180回
製造間接費	2,100,000円	

表2

活動分析結果	活動コスト	コストドライバー
機械関連活動	1,080,000円	機械運転時間
段取活動	390,000円	段取回数
品質管理活動	630,000円	品質検査回数

ア．製品A：600,000円　製品B：1,500,000円
イ．製品A：1,261,000円　製品B：839,000円
ウ．製品A：1,320,000円　製品B：2,700,000円
エ．製品A：1,981,000円　製品B：2,039,000円
オ．製品A：2,461,000円　製品B：3,839,000円

解答●p.297

1●物流コストの構成

テキスト第2章第8節

問題 24

H29後

機能別物流コストの要素として不適切なものは、次のうちどれか。

ア. 輸送費
イ. 物流管理費
ウ. 直接労務費
エ. 流通加工費
オ. 包装費

解答●p.299

R●納期管理 ＞ 1●設計の標準化

1●標準化と設計

テキスト第3章第1節

問題 25

H29前

設計標準化に関する記述として最も不適切なものは、次のうちどれか。

ア．設計の標準化は実績のある部品や機構を使用することから、製品品質の向上につなげることができる。
イ．同一又は類似の繰り返し作業をなくし、設計のムダを省き、設計効率の向上が図ることができる。
ウ．標準化はある時点で決められた基準に基づいているので、設計本来の創造性・発展性を阻害する可能性がある。
エ．技術革新のスピードは速く、よりよいものや方法が開発されているので、基準は常に見直す必要があり、そのために人材や費用が必要となる。
オ．多種多様な市場の要求に対して柔軟に対応ができる。

解答●p.300

1●工数計画のあり方

テキスト第3章第2節

問題 26

H29後

設計業務の間接時間の削減策として最も不適切なものは、次のうちどれか。なお、CADは、Computer Aided Designである。

ア．設計資料の蓄積と集中管理により、設計段階での各種の情報収集のための時間を削減する。

イ．CADに組み込まれた機能を有効に活用することにより、設計時間の短縮を図る。

ウ．計画外作業の悪影響を排除し、それによる混乱やムダな作業を削減する。

エ．設計に関する打合せなどの短時間化・効率化を組織的に図り、有効設計時間の増加を推進する。

オ．分かりやすい図面の作成などにより、現場への指示・指導などのための離席を極力排除する。

解答●p.301

02●設計難易度

テキスト第３章第２節

問題 27

H28前

設計方式及び設計難易度に関する記述として最も適切なものは、次のうちどれか。

ア．設計難易度係数とは、各種の設計をその設計作業の困難度により、ランクづけして係数化したものである。

イ．新規設計と未経験類似設計を比較した場合、設計難易度係数が最も高いのは、一般的に未経験類似設計である。

ウ．設計難易度係数は、一般的に新規設計の難易度を1.0として、各設計内容の難易度を付けることが多い。

エ．類似設計は、全面あるいは大部分を、既存の製品や部品をそのまま組み合わせて利用するものであり、基本的に編集設計は行わない。

オ．類似設計や流用・改造設計は管理者と設計者の協議が必要であるが、未経験類似設計は管理者を中心に判断する。

解答●p.302

1●日程計画の手法

テキスト第3章第3節

問題 28

H29後

以下の＜事例＞に基づき、（　　）に当てはまる数値の組合せとして正しいものは、次のうちどれか。

＜事例＞

下表は、設計の標準作業と緊急作業における各作業の先行関係と期間及び費用を示したものである。表からクリティカルパスを求めると、標準作業では（　a　）期間となり、緊急作業では（　b　）期間となる。また、作業Bの費用勾配は（　c　）、作業Dの費用勾配は（　d　）と算出できる。

表　標準作業と緊急作業における各作業の先行関係と費用

作業	先行作業	標準作業		緊急作業		費用勾配
		期間	費用	期間	費用	
A	−	3	10	3	10	−
B	−	5	5	2	20	（　c　）
C	A	1	3	1	3	−
D	A、B	2	2	1	4	（　d　）
E	C、D	1	1	1	1	−

ア．a：8　　b：5　　c：5　　d：0.5

イ．a：8　　b：5　　c：5　　d：2

ウ．a：11　　b：7　　c：5　　d：2

エ．a：8　　b：5　　c：9　　d：0.5

オ．a：11　　b：7　　c：9　　d：0.5

解答●p.303

2●基本設計の日程計画

テキスト第3章第3節

問題
29

H28後

基本設計の日程計画に関する記述として最も不適切なものは、次のうちどれか。

ア．基準日程計画において、基準日程を数値化したものを手配番数という。
イ．基準日程計画はマスタースケジュールともいわれ、各段階や、関連部門や職場などの具体的な日程計画の基本となる。
ウ．基準日程計画は、業務単位で各製品の納期に応じて、それを確保するための日程的な業務全体の流れを作成するものである。
エ．基準日程とは仕事に着手してから完了するまでの経過時間のことで、正味作業時間以外に段取り時間と停滞時間も含む。
オ．計画の基本的な立て方はフォワード方式とバックワード方式があるが、受注生産の場合は一般的にフォワード方式を用いる。

解答●p.304

3●詳細設計の日程計画

テキスト第3章第3節

問題 30

H28前

設計業務の社内分業化に関する記述として不適切なものは、次のうちどれか。

ア．設計者の能力を十分に発揮させ、設計を効果的に進めるために、社内分業化や外注化を進めることは有効な手段である。

イ．社内分業化は、主に作業の創造性や難易度のレベル、業務内容などをベースに進めることが一般的である。

ウ．設計作業において、創造的な製図などの主要作業と、簡易計算などの補助的作業とを分業化することは効果的である。

エ．技術的な主体業務と半技術的な付帯業務、及び日程管理などの関連業務とを分業化することは効果的である。

オ．図面の検図において、性能や材料などの設計の基本となる検図作業と、製図上のミスなどの簡易的な検図とは分業しない方が効果的である。

解答●p.305

R●納期管理 ＞ 4●設計進捗管理

1●進捗管理の手法

テキスト第3章第4節

問題 31

H27前

進捗管理に関する記述として不適切なものは、次のうちどれか。

ア. 個別受注生産では、ガントチャートによる進捗管理を行っていくとよい。
イ. 連続生産やロット生産では、数量的進度による管理を行っていくとよい。
ウ. 進捗管理は、納期管理とほぼ同義である。
エ. 製造三角図は、個別受注生産工場の進捗管理に適している。
オ. 納期を知らせる警告システムとして、カムアップシステムは有効である。

解答●p.307

3●設計情報の充実

テキスト第3章第5節

問題 32

H27前

設計情報の管理に関する記述として最も不適切なものは、次のうちどれか。

ア．設計情報や設計の標準化は、設計のQCDの基本となる。特に設計情報の迅速性や充実度は、企業の設計レベルを高めるために重要である。

イ．過去実績の資料管理の基本は、設計者のニーズに十分に適合した利用者本位の運用システムになっていることと、資料の分類や検索方法、サービス、メンテナンス体制が総合的に、計画的に進めることである。

ウ．設計情報の資料管理のレベルは、インフォーメーションレベルよりデータレベルの方が高い。

エ．設計情報の資料管理がインテリジェンスレベルであることは、一般にコンピュータによる情報基盤が整備されている状態であると考えられる。

オ．設計情報の資料管理を推進するに当たり、トップによる資料管理の方針及び目標を明確にし、担当者を設置して、関連部門への周知・徹底、協力体制を確立することが重要である。

解答●p.308

3●納期遅延対策

テキスト第3章第6節

問題 33

H29後

納期遅延の発生原因はさまざまであるが、小日程計画上での一般的な要因として不適切なものは、次のうちどれか。

ア．生産能力に比べ、過大な負荷を設定する。
イ．設定された基準日程が短すぎる。
ウ．トラブルの予測や緩衝（バッファ）の確保が適正に行われていない。
エ．事務処理が遅れ、手配が生産に間に合わない。
オ．出図日程が遅れ、それ以降の業務が順次遅れてしまう。

解答●p.309

問題 34

H28前

以下に示す納期対策の記述の中で最も不適切なものは、次のうちどれか。

ア．納期遅延防止のために、余裕を持った納期を設定する。
イ．納期管理を効率的に進めるために、工場の全工程について一様に能力を増加させる。
ウ．納期遅れを挽回するために､余裕のある他工程の作業者の応援を受ける。
エ．納期短縮のためにボトルネック工程の設備能力アップの改善を行う。
オ．生産能力を増加しないで納期遅れを挽回するために、作業の順序を変える。

解答●p.310

R●納期管理 ＞ 7●生産期間の短縮と対策

4●製造期間の短縮

テキスト第3章第7節

問題 35

H28前

生産期間のうち製造期間の短縮対策として最も不適切なものは、次のうちどれか。

ア．作業の標準化を推進し、作業者教育を徹底的に実施する。
イ．現場管理者を中心に事前準備を積極的に進め、外段取を徹底して実施する。
ウ．各工程の自主検査体制を構築し、品質管理体制を確立する。
エ．工程進捗の見える化を進め、余力管理、現品管理等の生産統制を強化する。
オ．各工程の担当者は専任とし、ジョブローテーションは行わない。

解答●p.311

5●物流期間の短縮

テキスト第3章第7節

問題 36

H28後

物流システムに関する記述に関し、（　　）内に入る＜用語＞の組合せとして最も適切なものは、次のうちどれか。

一般に、輸配送計画は、適正な（　①　）の選択と効率的な（　②　）に関する計画であり、輸配送管理システムも、（　③　）と（　④　）を利用した（　⑤　）が中心的な構成内容になっている。（　⑤　）は、対象とする物品を運んでいるトラックについての時々刻々の位置追跡行う必要から生まれたシステムであり、配送段階の進捗管理を行うシステムとして位置づけられる。

＜用語＞

A：輸送手段	F：配送ルート計画
B：保管手段	G：倉庫管理システム
C：配送ルート	H：位置情報システム
D：保管ポイント	I：トラック動態管理システム
E：ロケーション計画	J：貨物追跡管理システム

ア.	①A	②C	③F	④H	⑤I
イ.	①A	②C	③E	④H	⑤J
ウ.	①A	②D	③E	④G	⑤J
エ.	①B	②D	③F	④H	⑤J
オ.	①B	②C	③E	④G	⑤I

解答●p.312

5●現品管理

テキスト第3章第11節

問題 37

H29後

現品管理の趣旨に関する記述として最も不適切なものは、次のうちどれか。

ア．製品として販売できないと判断された現品について、その原因を究明する。
イ．原材料や部品が、どこからどこへ受け渡されたのかを明確にする。
ウ．何がどこに保管されているのかを記録しておく。
エ．原材料や部品の欠品状況を明確にする。
オ．棚卸を確実に行う。

解答●p.313

1●安全衛生管理の概要

テキスト第4章第1節

問題 38

H29前

安全衛生管理の意義及び取り組みの基本に関する記述として、最も不適切なものは、次のうちどれか。

ア．安全衛生活動には、人間尊重の理念に基づき、労働災害ゼロを目指す活動が必要である。

イ．事業者には、その雇用する労働者に仕事をさせるにあたって、民法上の安全配慮義務が課せられるが、これは労働安全衛生法及び関連規則類の違反がなければ免責される。

ウ．安全衛生活動には、まずトップの経営姿勢が大きく影響することから、トップが人間尊重の心を経営の基本の第一として捉えることが求められる。

エ．労働災害ゼロを目指すには、災害が発生する前に、災害に至る潜在災害要因を積極的に発掘し、先取りの安全対策を推進することが必要である。

オ．労働災害ゼロを目指すには、ラインが進める管理活動の強化と合わせて、職場自主活動の活性化が必要である。

解答●p.314

3●労働安全衛生マネジメントシステムの概要

テキスト第4章第1節

問題 39

H29前

労働安全衛生マネジメントシステムに関する記述として最も適切なものは、次のうちどれか。

ア．このシステムの構築においては、トップではなく管理監督者が安全衛生方針を自らの言葉で表明することが重要である。
イ．このシステムは、計画→実行→評価→改善のサイクルを繰り返す手法を使い、小集団活動の活性化を図る手段である。
ウ．このシステムを導入後は、定期的に外部専門機関によるシステム監査を受けることが法的に義務づけられている。
エ．このシステムでは、特定されたリスクの強度を見積もるが、それはリスク発生の可能性の度合いと重篤性（災害の程度）により見積もられる。
オ．このシステムが導入されれば、危険予知訓練やヒヤリ・ハット活動などの従来の活動は、省略することができる。

解答●p.315

1●労働安全衛生法の体系等の概要

テキスト第４章第２節

問題 40

H29後

労働安全衛生法に関する記述として不適切なものは、次のうちどれか。

ア．労働安全衛生法は、労働基準法から分離独立し制定されたものであり、労働基準法とは区分し単独で運用される。

イ．労働安全衛生法は、労働安全衛生法施行令及び労働安全衛生規則を中心に、特定機械等に関する規則や特別の衛生に関する規則等により構成されている。

ウ．労働安全衛生法は、国会の議決により制定される。

エ．労働安全衛生法施行令等の政令は、法を実施するために内閣が制定する。

オ．労働安全衛生規則等の省令は、法律や政令を施行するため、又は法律等の特別の委任に基づいて大臣が発する。

解答●p.316

2●労働安全衛生法の目的と各章の構成

テキスト第4章第2節

問題 41

H28前

労働安全衛生法に定める事業者等の責務に関する記述として不適切なものは、次のうちどれか。

ア．事業者は、労働安全衛生法の定める最低基準を遵守する義務を負う。
イ．事業者は、快適な作業環境の実現と労働条件の改善に努力する義務を負う。
ウ．事業者は、労働者の作業行動から生ずる労働災害を防止する必要な措置を講じる義務を負う。
エ．機械などの設計者は、機械、器具等による危険に関して、労働災害防止上の必要措置を講じる義務を負う。
オ．仕事を他人に請け負わせる者は、施行方法、工期等契約内容が安全衛生を損なわないよう配慮する義務を負う。

解答●p.318

S●安全衛生管理 > 3●設備等物的安全化

1●労働安全衛生法に定める機械等の規制

テキスト第4章第3節

問題 42

H28前

労働安全衛生法に定める機械等の規制に関する記述として適切なものは、次のうちどれか。

ア．産業用ロボットを製造するには、あらかじめ都道府県労働局長の許可を受けなければならない。
イ．保護メガネは、厚生労働大臣が定める規格に適合していなければ、譲渡し、又は貸与してはならない。
ウ．プレス機械の安全装置を製造するには、登録型式検定機関が行う型式検定を受けなければならない。
エ．危険有害性のある政令で定めるものを容器等に入れて譲渡・提供する場合は、容器等に名称、人体に及ぼす作用等を表示すれば安全データシートの交付はしなくてもよい。
オ．新規化学物質を製造し、輸入する事業者は、あらかじめ厚生労働大臣が定める基準により有害調査を行い、その結果を所轄の労働基準監督署に届けなければならない。

解答●p.319

1●大気汚染とその対策

テキスト第５章第２節

問題 43

H29前

環境汚染防止技術の適用に関する記述として不適切なものは、次のうちどれか。

ア．工場のボイラーや火力発電所等から排出される硫黄酸化物については、重油の脱硫や排煙脱硫装置の設置などの対策がとられている。

イ．排ガス中の窒素酸化物については、集じん装置や排煙脱硝装置の設置等の対策がとられている。

ウ．排水中の汚濁物質を取り除くために、沈殿、ろ過などの物理的方法と、活性汚泥法を代表とする生物化学的方法とがある。

エ．騒音の伝搬防止対策として、発生源となる機械を工場敷地境界線から離す、周りに防音壁を設置するなどの対策がある。

オ．振動の発生源対策には、振動を発生する機械と基礎との間に防振ゴムや金属ばねを挿入するなどの対策がある。

解答●p.320

T●環境管理 ＞ 3●工場・事業場における環境保全の取り組み

1●環境保全の維持と改善

テキスト第5章第3節

問題 44

H27後

環境管理において、例えば有害物質が漏洩《ろうえい》しているといった緊急事態が発生した場合、まずとるべき行動として適切なものは、次のうちどれか。

ア．再発防止
イ．近隣への広報・避難誘導
ウ．応急処置の実施
エ．必要箇所への連絡・応援動員
オ．原因の究明

解答●p.322

問題 45

H28後

工場・事業場はそれぞれの実情の応じ、環境汚染削減を目指す一環として、揮発性有機化合物（VOC）の排出量削減の目標を掲げて、その対策に取り組まなければならない。揮発性有機化合物（VOC）に相当しない物質は、次のうちどれか。

ア．メタン
イ．ベンゼン
ウ．ホルムアルデヒド
エ．トルエン
オ．アセトン

解答●p.322

2●環境改善のしくみと環境マネジメントシステム

テキスト第5章第3節

問題 46

H28前

以下に示すISO14001：2015の環境マネジメントシステムのモデルについて、①～④に当てはまる語句の組合せとして適切なものは、次のうちどれか。

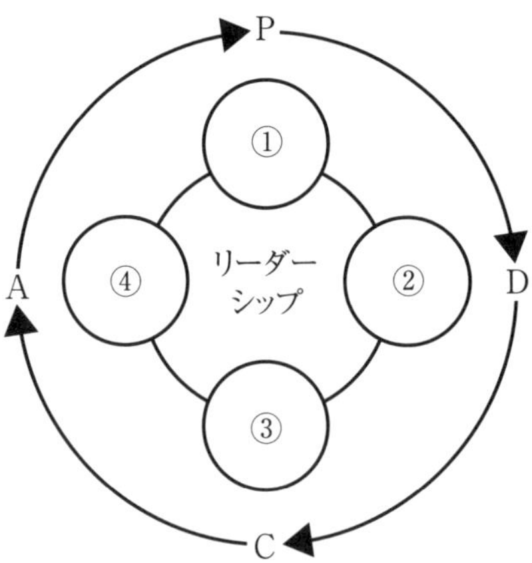

ア．①パフォーマンス評価　②改善
　　③計画　④支援及び運用

イ．①パフォーマンス評価　②支援及び運用
　　③計画　④改善

ウ．①計画　②パフォーマンス評価
　　③改善　④支援及び運用

エ．①計画　②改善
　　③パフォーマンス評価　④支援及び運用

オ．①計画　②支援及び運用
　　③パフォーマンス評価　④改善

解答●p.323

1●グリーン購入の考え方と実践

テキスト第5章第5節

問題 47

H28後

「国等による環境物品等の調達の推進等に関する法律」（通称：「グリーン購入法」）で定められていることとして不適切なものは、次のうちどれか。

ア．国の機関はグリーン購入を義務づけられている。
イ．地方公共団体はグリーン購入を義務づけられている。
ウ．企業はできる限りグリーン購入に努める。
エ．国民はできる限りグリーン購入に努める。
オ．国はグリーン商品等に関する情報を整理・提供する。

解答●p.324

2●製品の有害物質の規制

テキスト第5章第5節

問題 48

H29後

EU（欧州連合）では世界に先駆けて電気電子機器に含まれる有害物質を規制（RoHS指令）する決議を行った。規制の対象でない化学物質は、次のうちどれか。

ア．鉛
イ．ヒ素
ウ．ポリ臭化ビフェニル
エ．六価クロム
オ．カドミウム

解答●p.325

1●CSRとは

テキスト第5章第6節

問題 49

H29後

CSR及び法令に関する記述として適切なものは、次のうちどれか。
なお、CSRは、Corporate Social Responsibilityである。

ア．CSRでは、企業が経済面の代わりに、社会・環境面に対して取り組むことが求められている。

イ．CSRでは、ステークホルダーといわれる多様な利害関係者との関係を見直しながら活動を進めるが、ステークホルダーには従業員は含めない。

ウ．レスポンシブルケア活動は、化学物質を扱う企業が化学物質の開発から廃棄に至るすべての過程で、自主的に環境・安全面を優先的に配慮し、対策を行う活動である。

エ．ゼロエミッションとは、個々の企業が廃棄物を一切出さない考え方である。

オ．法令の階層は、「法律」→「省令」→「政令」→「条例」となっている。

解答●p.326

2●法令遵守と自主的活動

テキスト第5章第6節

問題 50

H29前

環境保全に対する組織体の自主的活動に関する記述として不適切なものは、次のうちどれか。

ア．環境マネジメントシステムとは、組織や事業者が、その運営や経営の中で自主的に環境保全に関する取り組みを進めるに当たり、環境に関する方針や目標を自ら設定し、これらの達成に向けて取り組んでいく仕組みである。

イ．レスポンシブルケアとは、製品やサービスを購入する際に、環境を考慮して、必要性をよく考え、環境への負荷ができるだけ少ないものを選んで購入することである。

ウ．ゼロエミッションとは、産業から排出されるすべての廃棄物や副産物が、他の産業の資源として活用され、全体として廃棄物を生み出さない生産を目指す考え方である。

エ．環境会計とは、企業などが事業活動における環境保全のためのコストとその活動により得られた効果を認識し、可能な限り定量的に測定し伝達する仕組みである。

オ．ライフサイクルアセスメントとは、ある製品・サービスのライフサイクル全体又は、その特定段階における環境負荷を定量的に評価する手法である。

解答●p.327

生産管理プランニング 2級

● 共通問題

ビジネス・キャリア®検定試験

解答・解説編

1●品質の計画

テキスト第1章第1節

問題1 解答

H28後

正解 イ

ポイント 品質管理の考え方についての基礎知識を問う。

解説

ア．適切。品質管理の目的は、買手の要求に合った品質を設計し、その品質の品物、サービスを経済的に作り出すことにある。

イ．不適切。品質管理の基本的考え方は、検査の徹底ではなく、企業のビジネスプロセス全体で品質の維持改善を図っていくことである。

ウ．適切。品質を達成するための手段である４Ｍ［Man（作業者）、Machine（設備）、Material（原材料）、Method（方法）］を効率的に管理していくことが重要である。

エ．適切。品質管理では、一連の活動を「管理のサイクルを回す」といい、「計画（Plan）－実施（Do）－評価（Check）－対策（Act）」という流れで循環させる。

オ．適切。品質は生産者が決定するものではなく、使用目的を満たしているかどうかが重要であり、顧客志向の考えが定着している。

問題2 解答

H27後

正解 オ

ポイント 品質の分類についての理解を問う。

解説

ア．適切。設計品質をねらいとして生産する製品の実際の品質で、「できばえの品質」、「適合品質」などと呼ばれる。製品のバラツキを考慮した基準を設定し、管理することが重要である。

イ．適切。顧客が要求する品質で「市場品質」とも呼ばれる。営業部門やマーケティング部門で市場調査などによって情報収集を行い、マーケットに適合した品質を把握する必要がある。

ウ．適切。製品のライフサイクル全体にわたり、環境や安全などへの影響を考慮した品質である。

エ．適切。要求品質を把握した後、自社内の技術、設備能力、コストや競合他社の品質水準などから生産する品質目標をどこに置くかを決める。「ねらいの品質」とも呼ばれる。

オ．不適切。製造品質は、製造部門がねらっていく品質で「できばえの品質」と呼ばれている。

2●品質の作り込み

テキスト第1章第1節

問題 3 解答

H29前

正 解　エ

ポイント　設計品質と製造品質の品質レベルについての理解を問う。

解 説

ア．適切。品質コストは「予防コスト」、「検査コスト」、「内部失敗コスト」、「外部失敗コスト」といった「直接的・間接的に、不適合品を作ることに伴うコスト」があるという考え方である。

イ．適切。「設計品質」とは、要求品質を把握した後、自社内の技術、設備能力、コストや競合他社の品質水準などから生産する品質目標をどこに置くかを決める。「ねらいの品質」とも呼ばれる。

ウ．適切。顧客の要求品質を網羅的に満たすのではなく、ターゲットを絞り製造コストを抑えることで、利益を最大とする設計品質を目指すのが一般的である。

エ．不適切。設計品質で提示された「ねらいの品質」に適合させることである。

オ．適切。「製造品質」とは、設計品質をねらいとして生産する製品の実際の品質で、「できばえの品質」、「適合品質」とも呼ばれる。製品のバラツキを考慮した基準を設定し、管理することが重要である。

1●統計的手法

テキスト第1章第2節

問題 4 解答

H28前

正　解　ア

ポイント　統計的手法に関する基礎知識を問う。

解　説

ア．不適切。母集団から抜き取った標本からデータを収集する目的は、標本に対する処置でなく母集団に対する処置が主な目的である。

イ．適切。品質管理で用いられるデータは、計量値と計数値の２つに分けられる。計量値とは、長さ、温度、重さなど測定値として得られる値であり、ある区間内の任意の値を取りうる連続確率変数で表されるデータである。

ウ．適切。計数値とは、事故数、不適合品数、件数など個数として数えられる値であり、離散確率変数で表されるデータである。

エ．適切。品質管理では、計量値データの中心位置やバラツキの状態（分布）を視覚的に把握するためにヒストグラムが用いられる。

オ．適切。計量値のデータの場合には、多くが正規分布するのに対して、計数値のデータの場合には、二項分布やポアソン分布などになる。

2●統計的手法と改善

テキスト第1章第2節

問題5 解答

H28後

正　解　エ

ポイント　工程能力指数 C_p 値についての理解を問う。

解　説

ア．不適切。C_p 値は、規格幅を散布度で除して求める。

イ．不適切。C_p 値が1.0以下の場合は、工程が管理状態ではないと判断する。

ウ．不適切。C_p 値が1.0の場合でも、0.3％の確率で不適合品が発生する。

エ．適切。C_p 値が1.33を超えている場合には、規格に対して工程能力は十分と考えられる。

オ．不適切。C_p 値が2.0以上の場合は、規格に対して工程能力が十分で一般に全数検査をする必要はない。

問題6 解答

H26後

正　解　エ

ポイント　工程能力についての理解を問う。

解　説

A．C_p ＝（上限規格－下限規格）÷（6×標準偏差）

　　＝（50.33－49.67）÷（6×0.1）＝1.10

B．C_p ＝1.10は、規格に対して余裕がそれほどない。

したがって、エが正解。

5●信頼性

テキスト第1章第2節

問題 7 解答

H29後

正解 オ

ポイント 直列システムと並列システム（冗長システム）及び信頼性との関係についての理解を問う。

解説

ア．不適切。$(1-0.8\times0.8)\times(1-0.9\times0.9)=0.07$として求めた値。

イ．不適切。$(1-0.8\times0.8\times0.9\times0.9)=0.48$として求めた値。

ウ．不適切。$(0.8\times0.8)\times(0.9\times0.9)=0.52$として求めた値。

エ．不適切。$(1-0.8\times0.8)+(1-0.9\times0.9)=0.55$として求めた値。

オ．適切。このシステムの信頼度Rは以下で計算される。

$$
\begin{aligned}
R &= \{1-(1-Pr(A))\cdot(1-Pr(B))\}\times\{1-(1-Pr(C))\cdot(1-Pr(D))\} \\
&= (1-0.2\times0.2)\times(1-0.1\times0.1) \\
&= 0.9504
\end{aligned}
$$

1●検査の目的と種類

テキスト第1章第3節

問題 8 解答

H28前

正 解　イ

ポイント　検査の目的と種類についての理解を問う。

解 説

ア．不適切。全数検査でも検査ミスの発生により全数が適合品であることは保証できない。

イ．適切。抜取検査は、全数検査が適用できない場合や不適合品の混入により安全や経済面への影響が少ない場合に適用される検査である。

ウ．不適切。人間の五感による官能検査は個人差が大きく、自動検査機より検出力は低い。

エ．不適切。源流工程での検査が不適合品発生による損失を小さくできる。

オ．不適切。全数検査ではなく、抜取検査が適用される。

1●管理図の目的と種類

テキスト第1章第4節

問題 9 解答

H28前

正 解 ウ

ポイント 管理図の目的と基本的な原理についての理解を問う。

解 説

ア．適切。安定した管理状態である製造工程においても、でき上がったった製品の品質特性のバラツキは「避けられない変動」である。これは、管理できないさまざまな要因が確率的に作用し、バラツキを与えることが原因である。

イ．適切。上記アに対し、生産の4M〔Man（作業者)、Machine（設備)、Material（原材料)、Method（方法)〕などの変化に伴い、製品の品質特性のバラツキが大きくなる「避けられる変動」がある。

ウ．不適切。「避けられる変動」と「避けられない変動」を判定するために設定される。

エ．適切。生産工程で扱われる多くの計量値のデータは、正規分布することが知られているが、すべての計量値が正規分布することを保証することはできない。しかし、計量値データの平均値$\bar{x}$は個々のデータがどのような分布をしていても、正規分布に従うことが証明されている。

オ．適切。例えば、作業者が作業標準を守らない、機械の故障、原材料に異物が混入した場合などが考えられる。

2●管理図の原理（3σ法）

テキスト第1章第4節

問題10 解答

H29前

正解 オ

ポイント 管理図の基本原理についての理解を問う。

解説

ア．不適切。工程が管理状態かを判定するためにはLCLも必要である。

イ．不適切。３σ限界の考え方で求められる。

ウ．不適切。工程に変化があったにときに見直す。

エ．不適切。異常が発生したときに大きく変動する特性値の方がよい。

オ．適切。品質をばらつかせる工程の変動原因は、管理されている変動（避けられる変動）と管理されていない変動（避けられない変動）の２種類に分けることができる。前者は偶然原因によって変動し、後者は異常原因によって変動する。管理図は、この２つの変動を統計的に設定した管理限界線によって解析するためのものである。

1●社内標準化の意義

テキスト第1章第5節

問題 11 解答

H29前

正 解 エ

ポイント 標準化の体系についての理解を問う。

解 説

ア．適切。すべての業務を標準化の対象とする必要はなく、「繰り返しの多いもの」、「系列化ができるもの」、「複数の人間が関与するもの」、「重点管理が必要なもの」といったような優先順位を決め実施していくことが重要である。

イ．適切。社内標準化は、日常業務の効率化を図るためのものであるため、記述された内容が重要なポイントとなる。

ウ．適切。アの記述どおりである。

エ．不適切。外部規格を遵守して社内標準化は制定される。

オ．適切。標準化は、総務の職務分掌規程、人事の採用規程、営業の販売管理規程、技術の図面管理規程、製造の標準文書規程など非常に広範囲であるため、組織づくりと体制の確立が大切である。

問題 12 解答

H29後

正 解 イ

ポイント 標準化の定義、目的、運用などについての理解を問う。

解 説

ア．適切。社内標準化は、特定の企業や組織内で社内規格を制定し運用されるが、他の上位レベルの規格を遵守する形で社内規格が制定される。

イ．不適切。消費者が安心して製品を購入する仕組みを提供する。

ウ．適切。一般的な社内標準化の目的として、①共通理解の促進、②安全性の確保、③消費者の保護、④使用目的の適合性の確保、⑤互換性の確保、

⑥種類の抑制などが挙げられる。本設問は②に該当する。

エ．適切。従来日本では、JISやJASといった国家規格を中心に社内規格を制定すれば十分であったが、企業活動のグローバル化により国際規格であるISOやIECとの調和が求められるようになった。

オ．適切。品質管理関連のJISも国際規格であるISO9000シリーズとの調和を目指した修正が行われている。

1●標準原価計算

テキスト第2章第2節

問題 13 解答

H29前

正解 オ

ポイント 標準原価計算プロセスについての理解を問う。

解説

ア．適切。必要な活動である。

イ．適切。必要な活動である。

ウ．適切。必要な活動である。

エ．適切。必要な活動である。

オ．不適切。機会利益あるいは機会原価は、いくつかの代替案から１つの選択肢を選んだために、ほかの選択肢を選んだときに得られたであろう利益、又は発生したであろう原価である。機会原価を計算しなくても標準原価計算は成立する。

標準原価計算は目標値としての原価標準を設定し、そこから標準原価を求め、実際原価計算から得られた実際原価と比較し、原価差異を計算して、差異分析を行う。

差異が発生した理由が承認されうるものであれば、標準原価を見直し、改訂すべきである。

1●原価企画の意義

テキスト第2章第3節

問題14 解答

H29前

正解 オ

ポイント 原価企画についての基礎知識を問う。

解説

ア．不適切。原価企画活動の中で成行原価を計算する場合もあるが、原価企画の目的ではない。

イ．不適切。実際原価の低減を目的としている。

ウ．不適切。資金計画の作成を目的としているわけではない。

エ．不適切。財務諸表の作成は原価企画活動の目的ではない。

オ．適切。原価は、成り行きに任せて発生した原価を集計したり、分析するだけではなく、利益の確保を実現するために主導的な働きを担うようになってきた。

Q●原価管理 ＞ 3●原価企画

2●原価企画活動とステップ

テキスト第2章第3節

問題15 解答

H28後

正 解 エ

ポイント 製品開発の各ステップにおける原価企画活動についての理解を問う。

解 説

ア．適切。「価値を向上させる」目的を達成するための第1ステップとして、ゼロルックVEが始まる。「ねらいの品質」や原価の問題、製造者責任問題、市場ニーズに合致しているか、流通後の製品の廃棄・回収・再生に問題はないかなどの検討項目のほとんどは、この段階で解決しておかなければならない。原価の面からすると、最もコスト引き下げの効果が大きいのはこの段階であるので、最大の努力を傾注すべきである。

イ．適切。基本設計は、機能設計あるいは開発設計とも呼ばれ、基本機能を確定する設計である。この段階からファーストルックVEが機能する。

ウ．適切。詳細設計は製品設計とも呼ばれ、細部機能、部品設計が進められ、加工の種類によっては内外製の判定や準備を進め、工程における品質の作り込みが具体的になされる。原単位が検討され原価数値がより高精度になり、標準原価が決められる。

エ．不適切。生産準備段階では、目標原価と見積原価の比較が行われる。標準原価と実際原価の比較が行われるのは、初期流動段階以降である。

オ．適切。初期流動管理とは、製品の設計・開発が終了し、量産に移行してから発生しそうな諸問題を解決する管理活動を指す。初期流動管理がうまくいって垂直立ち上げが実現することは、新製品を社会に送り出すスピードがあるということであり、競争優位の絶対条件である。セカンドルックVEが活躍する段階でもある。

●参考文献

・田中雅康、原田昇「エンジニアのための原価の知識とその活用」丸善　2011

3●目標原価

テキスト第2章第3節

問題16 解答

H28前

正解 ア

ポイント 目標原価と見積原価との差異についての理解を問う。

解説

ア．適切。下記選択肢オを参照。

イ．不適切。目標原価の未達成原因を解明しその達成を図るためには、原価要素別に目標原価と見積原価との差異を把握する必要がある。

ウ．不適切。標準原価差異は標準原価と実際原価との事後的な原価差異であり、標準設定の良否や能率の達成度合いを示すものであるのに対して、目標原価と見積原価との差異は事前的な原価差異であり、主として目標原価の達成度合いを示すものであることからして、実質的に異なる。

エ．不適切。製品の企画・開発・設計段階では、目標原価と見積原価との差異は見積原価計算（原価見積）を実施することによって把握される。

オ．不適切。量産段階に入る前での目標原価の達成を確実にするために、目標原価と見積原価との差異は、製品の企画・開発・設計段階の節目において何度も把握する必要がある。

●参考文献

・日本管理会計学会編「管理会計学大辞典」中央経済社　2000

4●原価見積もり

テキスト第2章第3節

問題17 解答

H27前

正解 ア

ポイント 見積原価の計算についての理解を問う。

解説

ア．適切。まず、現行の技術を基に原価見積もりを行う。多くの場合、この段階では利益が実現できていないので、原価引き下げ目標を定めて目標原価とする。必要なら材料から加工法、作業方法の見直しも行う。VE活動のゼロルックVEが最も効果を発揮する段階である。

イ．不適切。原価企画活動初期のステップにおいては、まだ製品等の実体がないため、実際原価計算と同様の手順に従った詳細な見積原価の計算は不可能である。

ウ．不適切。見積原価差異を生じさせない努力は必要であるが、見積原価の計算は原価企画活動の各ステップに見合った一定の正確さの下に可能な限り迅速に実施する必要がある。

エ．不適切。コストテーブルは見積原価の計算を一定の正確さの下に迅速かつ簡便に行うためのツールであり、一般に大いに活用される。ただし、一定の正確さを確保するためには適切なメンテナンスを継続して行うことが必要となる。

オ．不適切。見積原価の計算において見積もる原価の内容が、財務会計ベース（外部報告用）のものか管理会計ベース（内部管理用）のものか、また、全部製造原価か管理可能製造原価かは、社内の管理方針として事前に決定しておけばよい。また、そのような管理対象原価の内容は社内に公表し周知しておく必要がある。

●参考文献

・田中雅康「利益戦略とVE—実践原価企画の進め方」産能大学出版部　2002

・山田庫平、吉村聡「原価計算の基礎」東京経済情報出版　2008

1●コストテーブルの重要性と種類

テキスト第2章第4節

問題18 解答

H29前

正解 オ

ポイント コストテーブルの利用目的についての理解を問う。

解説

ア．不適切。コストテーブルは、目標原価の算定のために利用する。

イ．不適切。コストテーブルは、購買部門等において、外注先から提出された調達品についての見積書をチェックする際に、見積価格を一定の正確さの範囲内で迅速かつ簡便に査定し、外注先と購入価格の交渉を行うために用いられる。

ウ．不適切。コストテーブルは、設計部門等において、機能設計を行う際に、同一機能を最小の原価で実現する方式や構造を迅速かつ簡便に調べ上げて代替案間で経済性を評価し、最適案を決定するために用いられる。

エ．不適切。コストテーブルは、材料・部品・製品等について、現時点での物価で原価や価格を見積もったり経済性を評価したりするためだけでなく、そうした原価や価格が時間的経過や環境等の変化に伴ってどのように変動するかを予測するためにも用いることができる。

オ．適切。製造のためのコストテーブルの利用目的についての説明である。

●参考文献

・上野一郎監修「VEハンドブック」産業能率大学出版部　2008

・坂田慎一「図解　よくわかるこれからの原価企画」同文舘出版　2006

・日本管理会計学会編「管理会計学大辞典」中央経済社　2000

2●コストテーブルの作成

テキスト第2章第4節

問題19 解答

H28後

正 解 オ

ポイント コストテーブルの作成についての理解を問う。

解 説

ア．不適切。すべてである必要はない。コスト・ベネフィットの関係に基づいて記録しなければならない。

イ．不適切。加工費に関連するデータも記録できる。

ウ．不適切。コストテーブルは、機密情報を含んでいる場合があり、外部や内部から外部への情報漏洩リスクに備えなければならない。

エ．不適切。必要に応じて変更してもよい。データが柔軟に利活用できなければならない。

オ．適切。コストテーブルのデータは常に最新であることが望ましい。メンテナンスのルールを確立しておき修正・改訂が必要である。

1●全部原価計算

テキスト第2章第5節

問題20 解答

H29前

正解　ア

ポイント　全部原価計算で適用する費用についての理解を問う。

解説

ア．適切。全部原価計算はその成り立ちから計算期間において発生した原価すべてを計算対象とする。したがって、仕掛品の原価に期間原価が含まれる。

イ．不適切。変動費のみで計算されるのは部分原価計算となる。

ウ．不適切。全部原価計算では製造間接費の配賦を行う。

エ．不適切。全部原価計算とは、変動費及び固定費を含めた原価計算である。

オ．不適切。全部原価計算における製造原価には、変動費も固定費も含まれている。

1●損益分岐点、限界利益

テキスト第2章第6節

問題21 解答

H28後

正解 オ

ポイント 損益分岐点の感度分析と安全余裕率の計算についての理解を問う。

解説

○次年度の安全余裕率の計算

次年度の変動費率：0.82 $\left(=\dfrac{1{,}280\text{円}/\text{単位}\times 1.025}{1{,}600\text{円}/\text{単位}}\right)$

次年度の限界利益率：0.18（＝１－0.82）

次年度の損益分岐点売上高：9,100,000円 $\left(=\dfrac{1{,}400{,}000\text{円}+238{,}000\text{円}}{0.18}\right)$

したがって、オが正解。

2●原価要素別の原価低減

テキスト第２章第７節

問題 22 解答

H27後

正　解　ア

ポイント　固定費の原価低減についての基礎知識を問う。

解　説

ア．適切。減価償却費は償却の方法の決定、設備の更新の目安などに関係するため、中長期経営計画で管理することになる。固定資産税についても同様に考えられる。

イ．不適切。中長期経営計画で管理する。

ウ．不適切。割当型予算で管理する。

エ．不適切。割当型予算で管理する。

オ．不適切。変動予算で管理する。

●参考文献

・櫻井通晴「管理会計 第六版」同文舘出版　2015

3●ABC／ABM

テキスト第2章第7節

問題 23 解答

H29後

正 解　エ

ポイント　ABC（活動基準原価計算）による製造原価の計算についての理解を問う。

解 説

ABC（活動基準原価計算）による製品Ａ及びＢの製造原価は、下記より求められる。

・直接材料費の計算

製品Ａ：480,000円（＝240円/単位×2,000単位）

製品Ｂ：750,000円（＝250円/単位×3,000単位）

・直接労務費の計算

製品Ａ：240,000円（＝120円/単位×2,000単位）

製品Ｂ：450,000円（＝150円/単位×3,000単位）

・ABC（活動基準原価計算）による間接費の配賦計算

$$\text{機械関連活動コスト配賦率} = \frac{1{,}080{,}000\text{円}}{2{,}500\text{時間} + 1{,}500\text{時間}} = 270\text{円/時間}$$

∴　製品Ａの機械関連費：675,000円（＝270円/時間×2,500時間）

　　製品Ｂの機械関連費：405,000円（＝270円/時間×1,500時間）

$$\text{段取活動コスト配賦率} = \frac{390{,}000\text{円}}{80\text{回} + 70\text{回}} = 2{,}600\text{円/回}$$

∴　製品Ａの段取費：208,000円（＝2,600円/回×80回）

　　製品Ｂの段取費：182,000円（＝2,600円/回×70回）

$$品質管理活動コスト配賦率=\frac{630{,}000円}{270回+180回}=1{,}400円/回$$

∴　製品Aの品質コスト：378,000円（＝1,400円/回×270回）

　　製品Bの品質コスト：252,000円（＝1,400円/回×180回）

・各製品の製造間接費の集計

製品Aの製造間接費：1,261,000円

（＝機械関連費：675,000円＋段取費：208,000円＋品質コスト：378,000円）

製品Bの製造間接費：839,000円

（＝機械関連費：405,000円＋段取費：182,000円＋品質コスト：252,000円）

・各製品の製造原価の集計

	製品A	製品B
直接材料費	480,000円	750,000円
直接労務費	240,000円	450,000円
製造間接費	1,261,000円	839,000円
製 造 原 価	1,981,000円	2,039,000円

したがって、エが正解。

1●物流コストの構成

テキスト第２章第８節

問題 24 解答

H29後

正 解 ウ

ポイント 機能別物流コストの要素についての基礎知識を問う。

解 説

ア．適切。「輸送費」は、社内物流の場合は、物品の輸送に関わる物流費のすべてであり、車両の減価償却費、人件費、倉庫内のフォークリフトなどに関わる費用も含まれる。

イ．適切。生産管理と同様に、物流活動にも計画・統制・評価が必要とされ、物流作業員比、物流車両比、物流面積比、平均在庫高などの評価項目の分析がなされるようになってきた。これらの管理業務に関わる費用が「物流管理費」である。

ウ．不適切。直接労務費は製品製造に直接的に関係する費用であり、機能別物流コストとは関係がない。

エ．適切。「流通加工費」は、本来は、流通過程における検品、ピッキング、梱包、保管、発送などを意味していたが、現在は業務の見直しの風潮が高まり、流通加工の範囲を超えてアウトソーシングが進み、3PL（サードパーティロジスティックス）という言葉が急速に普及しつつある。

オ．適切。「包装費」とは、包装資材、梱包費、取引先の要求に応じて行う値札づけやシール貼りなどに関わる費用である。

機能別物流コストには、輸送費、保管費、包装費、流通加工費、情報処理費、物流管理費がある。

1●標準化と設計

テキスト第3章第1節

問題25 解答

H29前

正解 オ

ポイント 設計標準化のメリット・デメリットについての理解を問う。

解説

ア．適切。製品品質の向上のメリットがある。

イ．適切。設計工数・期間の短縮のメリットがある。

ウ．適切。創造性・発展性の減退のデメリットがある。

エ．適切。デメリットとしての進歩への遅れの発生がある。

オ．不適切。現在の多種、多様化に対して、設計標準化は分類された基準に基づいているため、多様性が減少し、設計業務に求められているより自由な展開に制限を設ける傾向があるため不適切である。

設計標準化とは、設計手順や技術資料、計算式、標準部品、材料、図面様式、記号などに対して標準化することであり、それによって次のようなメリット・デメリットが生じる。

○メリット

①製品品質の向上、②設計工数・期間の短縮、③設計ミスの防止、④生産・物流・販売の効率化、⑤設計コストの削減

○デメリット

①創造性・発展性の減退、②多種・多様化の減退、③進歩への遅れの発生

1●工数計画のあり方

テキスト第3章第2節

問題26 解答

H29後

正　解　イ

ポイント　設計業務の間接時間の削減策についての理解を問う。

解　説

ア．適切。下記①に該当。

イ．不適切。この対策は、間接時間の削減策ではなく、直接時間の効率化策である。

ウ．適切。下記③に該当。

エ．適切。下記④に該当。

オ．適切。下記⑤に該当。

工数低減は直接的に設計の効率化につながり、設計管理上で重要なテーマの1つである。なお、工数低減は設計の間接時間と直接時間に分けて検討すると効果的である。

間接時間の削減は、直接時間の比率を上げることになり、直接的な設計時間の増加につながる。設計業務の間接作業は種々あるが、基本的な対策として次のものが挙げられる。

①設計資料の蓄積と集中管理により、事前や設計段階での各種の調査・情報収集のための時間を削減する。

②設計に関連した職場・作業場のレイアウトの適正化により、ムダな動作や作業、歩行などを削減する。

③飛び込み作業など計画外の業務を極力排除し、それによる混乱やムダな作業を削減する。

④設計に関する打ち合わせなどの短時間化・効率化を組織的に図り、有効設計時間の増加を推進する。

⑤わかりやすい図面の作成などにより、現場の指示・指導などのための離席を極力排除し、さらに、電話対話の効率化を進める。

2●設計難易度

テキスト第3章第2節

問題27 解答

H28前

正解 ア

ポイント 設計難易度についての理解を問う。

解説

ア．適切。「設計難易度係数」は、設計作業の実績資料から最も標準となるものを設計の基準とし、それより設計が困難なものから容易なものへと順序を付けて係数を割り振ったものである。設計工数の算出の基礎となる。

イ．不適切。設計難易度係数が最も高いのは、一般的に新規設計である。

ウ．不適切。設計難易度係数は、一般的に類似設計を1.0とすることが多い。

エ．不適切。これは流用設計の説明である。

オ．不適切。類似設計や流用・改造設計は管理者を中心に判断するが、未経験類似設計は管理者と設計者の協議が必要である。

R●納期管理 > ●設計日程管理

1●日程計画の手法

テキスト第3章第3節

問題28 解答

H29後

正解 イ

ポイント CPM（Critical Path Method）、費用勾配についての理解を問う。

解説

・費用勾配＝（緊急費用－標準費用）÷（標準日数－緊急日数）

・クリティカルパス

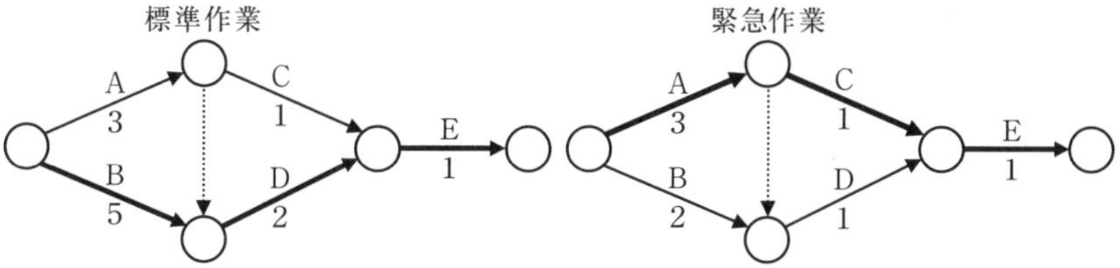

図より、標準作業のクリティカルパスは、B、D、Eであり、期間は、5＋2＋1＝8となる。緊急作業のクリティカルパスは、A、C、Eであり、期間は、3＋1＋1＝5となる。作業Bの費用勾配は、(20－5)÷(5－2)＝5であり、作業Dの費用勾配は、(4－2)÷(2－1)＝2となる。

したがって、イが正解。

2●基本設計の日程計画

テキスト第３章第３節

問題 29 解答

H28後

正　解　オ

ポイント　基準日程計画についての理解を問う。

解　説

ア．適切。手配番数（手番）は、対象業務の着手日、又は完了日が、製品の最終完了日の何日前になるかを表す。

イ．適切。基準日程計画は、基本的には各段階の基準日程に基づいて、仕事の着手から完了までの標準的な日程（基準日程）を決めるもので、マスタースケジュールともいわれ、各段階や、関連部門や職場などの具体的な日程計画の基本になる。

ウ．適切。基準日程計画は、製品企画や設計、資材調達、製造などの段階・内容別に区分し、そこでの基本的な業務単位で、各製品の納期に応じて、それを確保するための日程的な業務全体の流れを作成するものである。

エ．適切。基準日程とは、仕事に着手又は手配してから完了するまでの経過時間のことで、基本設計や詳細設計、部品加工、組立作業など各段階での基準日程は、正味の加工時間以外に、段取時間、停滞時間が含まれている。

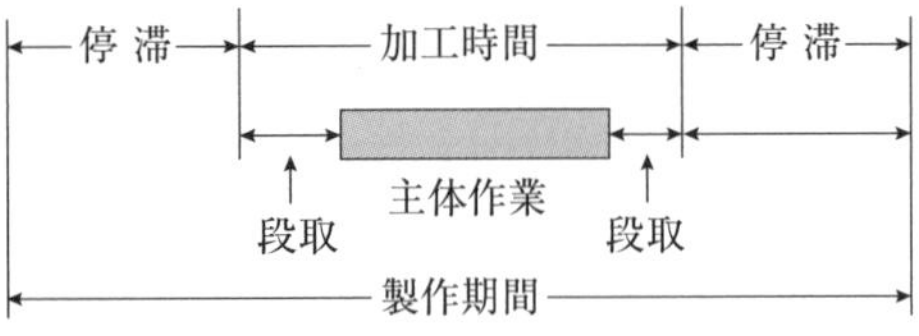

オ．不適切。受注生産の場合は、一般的にバックワード方式を用いる。

3●詳細設計の日程計画

テキスト第3章第3節

問題30 解答

H28前

正解 オ

ポイント 設計業務の分業化に関する基礎知識を問う。

解説

ア．適切。設計を的確に、効果的に進めるには、設計者の能力を十分に発揮させることが最も重要である。そのためには、社内での分業化や外注の積極的な利用も有効な手段であり、それによって各設計者のレベルに応じた業務に専念することができるようになる。

イ．適切。設計業務には、製造のような単純な繰り返し作業が少なく、しかも設計と各種計算、製図などの作業が同時に行われることが多いため、製造のような分業化が進みにくい面がある。そこで社内分業化にあたっては、

①主要作業と補助作業の分業

②設計業務と関連業務の分業

③検図の分業

のように主に作業の創造性や難度のレベルと、業務内容などを基本にして進めることになる。

ウ．適切。設計には、基本設計や詳細設計などの技術的な主体業務と、資料管理や図面管理、人事管理などの半技術的な付帯業務、さらに標準化や原価管理、クレーム対策、日程管理などの関連業務とがある。このうち技術性の高い主体業務や付帯業務と、技術性の低い付帯業務と関連業務を分業化することは効果的である。

エ．適切。構想・基本設計や主要・重要部品、基本組立図など設計思考、独創性などが必要な設計や、パターンの決まらない計算、それに伴う主要な製図、設計資料の選択などの主要作業と、主に詳細設計において独創性の少ない設計や簡易計算・製図、設計資料の抽出などの補助的な作業とを分業化することは効果的である。

オ．不適切。設計内容に関わる大切な部分と、寸法脱落などの製図上のミス

等の検図は分業した方が効果的である。

R●納期管理 ＞ 4●設計進捗管理

1●進捗管理の手法

テキスト第3章第4節

問題 31 解答

H27前

正解 エ

ポイント 進捗管理についての理解を問う。

解説

ア．適切。「ガントチャート」は、横軸に時間、縦軸に手段の資源である機械や作業者をとり、それらの資源がいつからいつまでどの仕事の処理を行うかを示した図である。このため、機械や作業者の稼働状況を示す場合に向いている。また、生産計画を作業者に知らせる場合に都合がよい。

イ．適切。数量的進度は、連続的生産や数の多いロット生産で製品が継続して流れる場合に、生産した数量で進捗管理する方法である。多品種でも、個別の管理よりも総生産量で管理し、売上げの評価をする場合では数量的進捗管理を行うこともある。

ウ．適切。進捗管理は、日程計画で決められた予定に沿って仕事の進行を時間的な面から制御する活動で、進度管理、納期管理、日程管理などともいわれる。

エ．不適切。製造三角図は量産工場の進捗管理に適しており、個別受注生産工場には適していない。

オ．適切。カムアップシステムは、「発注した製品（発注品）について決められた期日に納期を確認し、納期どおり納入されるように管理するための方式」であり、「チクラーシステム、フォローアップシステム」とも呼ばれる。

●参考文献

・日本経営工学会編「生産管理用語辞典」日本規格協会　2002

3●設計情報の充実

テキスト第3章第5節

問題 32 解答

H27前

正 解 ウ

ポイント 設計情報の管理についての理解を問う。

解 説

ア．適切。設計情報や設計の標準化は、設計業務の基礎であり、これによって設計のQCD が決まることになる。特に設計情報の迅速性や充実度は、企業の設計レベルを決めることになるため、各企業ともその充実に力を入れている。

イ．適切。各企業にとって実績資料の有効活用は最も重要なことであり、そのために資料の現物管理の徹底や資料内容のレベルアップを常に図っている。

この資料管理の基本は、

①設計者のニーズに十分に適合した利用者本位の運用システムになっている。

②資料の分類や検索方法、サービス、メンテナンス体制が総合的に、計画的に進められている。

ことである。

ウ．不適切。資料管理のレベルは、データレベル、インフォーメーションレベル、インテリジェンスレベルの順で高くなる。

エ．適切。インテリジェンスレベルは、一般にコンピュータによる情報基盤が整備されている状態で、構想や解析、判断などが容易にできるように各種の資料を統合･整備し、数式化や図表化などが行われている状態である。

オ．適切。設問のとおり。さらに管理の基準や手続を明らかにし、円滑な運営を可能にし、これらの体制に基づいて設計部門を中心に各関連部門より計画的に資料を収集していく。

3●納期遅延対策

テキスト第3章第6節

問題 33 解答

H29後

正　解　オ

ポイント　納期遅延対策を立てるうえで必要な発生原因についての理解を問う。

解　説

ア．適切。下記ⅰ）に該当。

イ．適切。下記ⅱ）に該当。

ウ．適切。下記ⅳ）に該当。

エ．適切。下記ⅴ）に該当。

オ．不適切。設計管理の不備に関わる記述であり、小日程計画上の要因ではない。

納期遅延の発生原因には、

①販売計画の不備

②生産計画の不備

③設計業務の不備

④調達業務の不備

⑤現場管理の不備

などの要因がある。ア、イ、ウ、エはいずれも②生産計画の不備に分類される要因である。生産計画の不備には以下のような要因がある。

ⅰ）生産能力に比べ、過大な負荷を設定する。

ⅱ）設定された基準日程が短すぎる。

ⅲ）スケジュール（日程計画）が適切に立てられていない。

ⅳ）トラブルの予測やバッファの確保が適正に行われていない。

ⅴ）事務処理が遅れ、手配が生産に間に合わない。

問題 34 解答

H28前

正　解　イ

ポイント　納期遅延対策、納期短縮対策等についての理解を問う。

解　説

ア．適切。余裕をもった納期を設定する方法は、遅延防止の対策の１つである。

イ．不適切。生産期間短縮化のための能力増加は、工場全体の工程についてバランスよく増加することに注意をする必要がある。納期管理のために能力を増加する場合は、ボトルネック工程を中心に能力増加を行うほうが良い。

ウ．適切。能力を臨時的に増加する手段は、一般に、残業、休日稼働などによるオーバータイムの対応が簡単な方法であるが、他工程からの応援、外注という手段も考えられる。しかし他工程からの応援の場合、応援者がその作業をこなすことができる、という前提が必要である。

エ．適切。仕掛品が最も多く存在している「ボトルネック工程」についての能力の増加を優先的に考えていくべきである。

オ．適切。一般に、納期遅れが起きそうな仕事を優先して行い、納期までに余裕のある仕事は後から行うほうが納期遅れの発生を避けることができる。

4●製造期間の短縮

テキスト第3章第7節

問題35 解答

H28前

正 解 オ

ポイント 製造期間の短縮対策についての理解を問う。

解 説

ア．適切。下記①に該当。

イ．適切。下記③に該当。

ウ．適切。下記⑤に該当。

エ．適切。下記⑦に該当。

オ．不適切。職場や工程間のジョブローテーションは積極的に進め、応援体制を確立すべきである。

生産に直接関わる製造活動及び生産統制の適正化によって、製造期間の短縮を図ることができる。具体的な対策としては次のことが挙げられる。

①作業の標準化と作業者への教育の徹底
②工程間の仕掛品の削減と、加工及び移動ロットの最小化
③第一線管理者中心の事前準備及び段取の徹底
④職場及び工程間のジョブローテーション、応援体制の確立
⑤各工程の自主検査体制及び品質管理システムの確立
⑥生産立ち上がりの初期流動管理の標準化・集中化
⑦生産統制（進捗管理、余力管理、現品管理など）の強化
⑧作業者及び第一線管理者への技術的・管理的な継続的教育体制の確立

5●物流期間の短縮

テキスト第3章第7節

問題 36 解答

H28後

正 解 ア

ポイント 物流の期間短縮についての基礎知識を問う。

解 説

一般に、輸配送計画は、適正な（輸送手段）の選択と効率的な（配送ルート）に関する計画であり、輸配送管理システムも、(配送ルート計画）と（位置情報システム）を利用した（トラック動態管理システム）が中心的な構成内容になっている。(トラック動態管理システム）は、対象とする物品を運んでいるトラックについての時々刻々の位置追跡行う必要から生まれたシステムであり、配送段階の進捗管理を行うシステムとして位置づけられる。

したがって、アが正解。

なお、「トラック動態管理システム」とは、配送計画を立てても計画どおりに配送ができなければ物流期間の短縮に結び付かないことから、対象とする物品を運んでいるトラックについての時々刻々の位置追跡を行う必要から生まれたシステムである。

5●現品管理

テキスト第3章第11節

問題 37 解答

H29後

正 解　ア

ポイント　現品管理の趣旨についての理解を問う。

解 説

ア．不適切。販売できない製品の判断及び原因究明は、現品管理の目的ではない。

イ．適切。原材料や部品の受け渡しを明確にしておくことは、運搬や移動時に発生する問題をなくす基本的な項目の１つである。

ウ．適切。保管について重要な項目は、何が、どこに、どれだけ、どのような状態であるかという情報である。この項目を確実に捉え、記録・報告する必要がある。

エ．適切。欠品や過数量の予防は、現品管理の重要な項目である。

オ．適切。棚卸により差異が把握されたとき、「いつ」、「なぜ」、その差異が出たのかという時点と原因の追求を行い、対策を打つ必要がある。

「現品管理」とは、資材、仕掛品、製品などの物について運搬･移動や停滞･保管の状況を管理する活動で「現物管理」ともいう。現品の経済的な処理と数量､所在の確実な把握を目的とする。(JIS Z 8141:2022「4102　現品管理」)

1●安全衛生管理の概要

テキスト第4章第1節

問題 38 解答

H29前

正　解　イ

ポイント　安全衛生管理の意義及び取り組みについての基礎知識を問う。

解　説

ア．適切。「だれ1人けが人を出さない」というゼロの原則が求められている。

イ．不適切。安全配慮義務は、法遵守に止まらず予見される潜在危険の排除義務まで含まれる。

ウ．適切。トップの安全第一の考え方が前提に無いと難しい。

エ．適切。災害ゼロには、先取りの安全活動が必要である。

オ．適切。成果に結び付けるためには、是非ライン活動と職場自主活動が有機的に結び付くことが望まれる。

●参考文献

・「ゼロ災運動推進者ハンドブック」中央労働災害防止協会

3●労働安全衛生マネジメントシステムの概要

テキスト第4章第1節

問題 39 解答

H29前

正 解　エ

ポイント　労働安全衛生マネジメントシステムの目的やその推進方法等についての理解を問う。

解 説

ア．不適切。トップの安全衛生に関する方針の明確化は極めて重要である。

イ．不適切。トップを中心とする安全衛生管理の促進と継続的改善を推進する手段である。

ウ．不適切。外部専門機関によるシステム監査を定期的に受けることは、法定事項ではない。

エ．適切。リスクアセスメントは、リスク発生の可能性と重篤性とにより見積もる。

オ．不適切。マネジメントシステムは万能ではなく、教育訓練や日常の安全活動もうまく補完して推進する必要がある。

1●労働安全衛生法の体系等の概要

テキスト第4章第2節

問題 40 解答

H29後

正　解　ア

ポイント　法－政令－省令の概要及び労働安全衛生法令の体系と構成についての基礎知識を問う。

解　説

ア．不適切。労働条件が労働災害と密接な関係にあることより、労働安全衛生法は労働基準法と一体的に運用されており不適切である。

イ．適切。特定機械等に関する規則には、ボイラー及び圧力容器、クレーン等、ゴンドラなどが対象となっている。

ウ．適切。下記①に該当。

エ．適切。下記②に該当。

オ．適切。下記③に該当。

一般に、法体系は以下に示す階層構造で構成されている。

法律 － 政令 － 省令 － 告示 － 通達

①法律：国会両院の議決により制定。（例）労働基準法、労働安全衛生法（安衛法）、作業環境測定法等

②政令：法律を実施するため内閣が制定。（例）労働安全衛生法施行令（安衛令）、作業環境測定法施行令等

③省令：法律もしくは政令を施行するため、又は法律もしくは政令の特別の委任に基づいて大臣が発する法令。（例）労働安全衛生規則（安衛則）、クレーン等安全規則等

④告示：公示（官報記載）を必要とする場合に大臣が発する。（例）安全衛生特別教育規定等

⑤通達：大臣等が所管の諸機関及び職員に対して発する。（例）労働安全衛

生法の施行について（昭和47年９月18日基発第602号）等

●参考文献

・武下尚憲「ひと目でわかる図説安衛法」労働調査会

2●労働安全衛生法の目的と各章の構成

テキスト第４章第２節

問題 41 解答

H28前

正　解　エ

ポイント　事業者・設計者等・発注者等の責務についての基礎知識を問う。

解　説

ア．適切。安衛法第３条第１項。

イ．適切。同上。

ウ．適切。安衛法第24条。

エ．不適切。機械等の設計者は、機械等が使用される前から設計者の立場で必要措置をとる努力義務はある（安衛法第３条第２項）が、労働災害防止上の必要措置を講じる義務者は事業者（安衛法第20条第１号）。

オ．適切。安衛法第３条第３項。

※安衛法：労働安全衛生法

●参考文献

・武下尚憲「ひと目でわかる図説安衛法」労働調査会

S●安全衛生管理 ＞ 3●設備等物的安全化

1●労働安全衛生法に定める機械等の規制

テキスト第4章第3節

問題 42 解答

H28前

正 解 ウ

ポイント 機械・設備等の物的安全化についての基礎知識を問う。

解 説

ア．不適切。産業用ロボットは、製造許可の対象設備ではない（安衛法第37条、同法施行令第12条）。

イ．不適切。保護メガネは、譲渡等の制限等の対象物ではない（安衛法第42条、同法施行令第13条）。

ウ．適切。安衛法第44条の２、同法施行令第14条の２。

エ．不適切。表示と安全データシートの両方が必要である（安衛法第57条、安衛法第57条の2）。

オ．不適切。結果は厚生労働大臣に届ける（安衛法第57条の3）。

●参考文献

・武下尚憲「ひと目でわかる図説安衛法」労働調査会

・「安衛法便覧（平成27年度版）」労働調査会　2015

1●大気汚染とその対策

テキスト第5章第2節

問題 43 解答

H29前

正 解 イ

ポイント 大気汚染、水質汚濁、騒音・振動に関する公害防止技術についての理解を問う。

解 説

ア．適切。硫黄酸化物（SOx）については、工場のボイラーなどの固定発生源に対して重油の低硫黄化や排煙脱硫装置の設置などの対策がとられている。

イ．不適切。集じん装置は、ボイラー等の燃焼装置から排出される「ばいじん」対策に使われ、窒素酸化物の対策としては、バーナーなどの低NOx燃焼技術が設置される。

ウ．適切。排水中の汚濁物質を取り除くための排水処理方法として、次の2つの方法がある。

①物理化学的方法

沈殿、沈降、ろ過など汚濁物質の形状、重さ、大きさなどの物理的性質を利用した方法、凝集、中和、イオン交換など化学的性質を利用した方法がある。

②生物化学的方法

代表的な方法が活性汚泥法で、家庭排水、食料品工場、パルプ工場、し尿処理施設からの排水のように、有機性の汚濁物質を多く含む排水処理方法として広く採用されている。

エ．適切。騒音の発生源対策には、騒音源を建物内に設置する、騒音源に吸音材を巻き付けるなど、また伝搬防止対策には、騒音を発生する機械を工場などの敷地境界線からなるべく離して設置する、工場などの周りに遮音壁や防音壁を設置する方法がとられる。

オ．適切。振動の発生源対策には、振動を発生させる機械と基礎との間に防振ゴム、金属ばねを挿入し防振する方法などがあり、伝搬防止対策には、騒音対策と同じく、振動を発生する機械の設置を工場などの敷地境界線からなるべく離して設置する方法がある。

●参考文献

・東京商工会議所「ECO検定公式テキスト（第２版）」日本能率協会マネジメントセンター

1●環境保全の維持と改善

テキスト第５章第３節

問題44 解答

H27後

正 解　ウ

ポイント　環境管理、緊急事態への対応についての基礎知識を問う。

解 説

地震や火災、事故・トラブル等が原因で、例えば有害物質が漏えいするといった緊急事態が発生した場合の対応について、以下のような行動手順に従って対応する。

①応急処置の実施

②必要箇所への連絡・応援動員

③近隣への広報・避難誘導

④事故鎮圧・修復のための措置

⑤原因究明・再発防止対策の実施

したがって、ウが正解。

問題45 解答

H28後

正 解　ア

ポイント　揮発性有機化合物（VOC）についての基礎知識を問う。

解 説

揮発性有機化合物（VOC：volatile organic compounds）とは、揮発性を有し、大気中で気体状となる有機化合物の総称であり、大気汚染防止法施行令第２条の２に、揮発性有機化合物から除く物質として「メタン」が挙げられている。

したがって、アが正解。

2●環境改善のしくみと環境マネジメントシステム

テキスト第５章第３節

問題 46 解答

H28前

正 解 オ

ポイント 環境マネジメントシステムの考え方についての理解を問う。

解 説

ISO14001：2015に掲載されている環境マネジメントシステムの適用範囲の図から、①計画、②支援及び運用、③パフォーマンス評価、④改善である。

したがって、オが正解。

●参考文献

・ISO14001：2015（JIS Q 14001：2015）

1●グリーン購入の考え方と実践

テキスト第5章第5節

問題47 解答

H28後

正 解　イ

ポイント　グリーン購入についての基礎知識を問う。

解 説

ア．適切。グリーン購入法第６条、７条。

イ．不適切。地方公共団体は、努力義務を負う。同法第４条、10条。

ウ．適切。同法第５条。

エ．適切。同法第５条。

オ．適切。同法第14条。

グリーン購入とは、購入者が商品を購入する際に、環境を考慮して、必要性をよく考え、環境への負荷ができるだけ少ないものを選んで購入することである。グリーン購入の重要性にかんがみ、2000（平成12）年に「国等による環境物品等の調達の推進等に関する法律」（通称「グリーン購入法」）が制定された。

2●製品の有害物質の規制

テキスト第5章第5節

問題 48 解答

H29後

正解 イ

ポイント 製品の有害物質の規制についての理解を問う。

解説

RoHS指令における規制対象物質は、電気・電子機器における鉛、水銀、カドミウム、六価クロム、ポリ臭化ビフェニル（PBB）、ポリ臭化ジフェニルエーテル（PBDE）である。

したがって、イが正解。

1●CSRとは

テキスト第5章第6節

問題49 解答

H29後

正解 ウ

ポイント CSR及び法令遵守と自主的活動についての理解を問う。

解説

ア．不適切。CSRでは、企業が経済面のみならず、社会・環境面に対しても配慮しながら取り組むことが求められている。

イ．不適切。ステークホルダーには従業員も含んでいる。

ウ．適切。この活動は、単に環境保全にとどまらず、保安防災、労働安全衛生、物流安全、化学品安全など広い範囲をカバーしながら企業の取り組みや情報を社会に公開するなどの活動が含まれる。

エ．不適切。ゼロエミッションとは、ある産業から排出されるすべての廃棄物が、他の産業の資源として活用され、全体として廃棄物を生み出さない生産を目指す考え方である。

オ．不適切。「政令」と「省令」が逆である。

2●法令遵守と自主的活動

テキスト第５章第６節

問題 50 解答

H29前

正 解 イ

ポイント 法令遵守と自主的活動についての基礎知識を問う。

解 説

ア．適切。環境マネジメントシステムが誕生した背景には、さまざまな環境問題に規制だけで対応することは難しいため、企業、行政などの組織が自主的に環境改善を行うことが大切であるという認識が世界的に高まったことがある。

イ．不適切。グリーン購入のことを述べている。

ウ．適切。ゼロエミッションは、国連大学が提唱した構想である。

エ．適切。環境会計の項目として、①環境保全コスト、②環境保全に伴う経済効果、③環境改善効果が挙げられる。

オ．適切。製品の環境負荷は、製品の原料の採取から製品が廃棄されるまでの一連の工程（製品ライフサイクル）で発生する。したがって、製品の環境負荷を改善するには、製品のライフサイクルにおける環境負荷を定量的に把握し、環境にどのように影響を及ぼす可能性があるか評価する必要がある。このような問題に対処する手法の代表的なものの１つに、ライフサイクルアセスメントがある。

●編著
ビジネス・キャリア®検定試験研究会

●監修
渡邉　一衛
成蹊大学　名誉教授

・本書掲載の試験問題、解答及び解説の内容についてのお問い合わせには、応じられませんのでご了承ください。
・その他についてのお問い合わせは、電話ではお受けしておりません。お問い合わせの場合は､内容､住所､氏名､電話番号､メールアドレス等を明記のうえ、郵送、FAX、メール又はWebフォームにてお送りください。
・試験問題については、都合により一部編集しているものがあります。
・問題文及び解説文において適用されている法律等の名称や規定は、出題時以降に改正され、それに伴い正解や解説の内容も変わる場合があります。

ビジネス・キャリア®検定試験過去問題集　解説付き
生産管理プランニング　2級

初版１刷―――　令和元年９月
初版２刷―――　令和５年12月

編著―――――　ビジネス・キャリア®検定試験研究会
監修―――――　渡邉　一衛
発行―――――　一般社団法人 雇用問題研究会

〒103-0002　東京都中央区日本橋馬喰町1-14-5　日本橋Ｋビル2階
TEL　03-5651-7071
FAX　03-5651-7077
URL　https://www.koyoerc.or.jp

ISBN978-4-87563-707-3

生産管理 オペレーション **2級**
＊150問 収録

渡邉一衛 監修
A5判／344ページ●定価 2,640円（本体2,400円）
ISBN 978-4-87563-708-0

生産管理 プランニング オペレーション **3級**
＊プランニング100問、オペレーション100問 収録

渡邉一衛 監修
A5判／374ページ●定価 2,860円（本体2,600円）
ISBN 978-4-87563-706-6

企業法務 **2級** **3級**
＊２級200問、３級100問 収録

牧野和夫 監修
A5判／590ページ●定価 3,520円（本体3,200円）
ISBN 978-4-87563-702-8

総務 **2級** **3級**

藤永伸一 監修
A5判／396ページ●定価 2,860円（本体2,600円）
ISBN 978-4-87563-701-1

経営情報システム **2級**
＊情報化企画100問、情報化活用100問 収録

菅原邦昭 監修
A5判／472ページ●定価 2,860円（本体2,600円）
ISBN 978-4-87563-712-7

経営情報システム **3級**

菅原邦昭 監修
A5判／222ページ●定価 2,530円（本体2,300円）
ISBN 978-4-87563-710-3

書籍のご案内

■木村 周・下村英雄 共著
キャリアコンサルティング　理論と実際〔6訂版〕
専門家としてのアイデンティティを求めて
A5判／456ページ●定価 3,520円（本体3,200円）
ISBN 978-4-87563-271-9

■渡邊 忠・渡辺三枝子 著
コミュニケーション力 ―人間関係づくりに不可欠な能力―
A5判／216ページ●定価 2,200円（本体2,000円）
ISBN 978-4-87563-259-7

■John L. Holland 著／渡辺三枝子・松本純平・道谷里英 共訳
ホランドの職業選択理論 ―パーソナリティと働く環境―
A5判／374ページ●定価 3,850円（本体3,500円）
ISBN 978-4-87563-264-1

■大西 守・黒木宣夫・五十嵐良雄 編著
人事・労務担当者のためのリワーク活用マニュアル
うつ病休職者の失敗しない職場復帰のために
A4判／144ページ●定価 1,980円（本体1,800円）
ISBN 978-4-87563-258-0

■〒103-0002 東京都中央区日本橋馬喰町1-14-5 日本橋Kビル2階
電話 03-5651-7071　FAX 03-5651-7077